T0158889

SALIENDO DE LA OSCURIDAD

POR
WILLY A. BERMELLO

BALBOA.
PRESS

A DIVISION OF HAY HOUSE

Puede hacer pedidos de libros de Balboa Press en librerías o poniéndose en contacto con:

Balboa Press
Una División de Hay House
1663 Liberty Drive
Bloomington, IN 47403
www.balboapress.com
1 (877) 407-4847

Debido a la naturaleza dinámica de Internet, cualquier dirección web o enlace contenido en este libro puede haber cambiado desde su publicación y puede que ya no sea válido. Las opiniones expresadas en esta obra son exclusivamente del autor y no reflejan necesariamente las opiniones del editor quien, por este medio, renuncia a cualquier responsabilidad sobre ellas.

El autor de este libro no ofrece consejos de medicina ni prescribe el uso de técnicas como forma de tratamiento para el bienestar físico, emocional, o para aliviar problemas médicos sin el consejo de un médico, directamente o indirectamente. El intento del autor es solamente para ofrecer información de una manera general para ayudarle en la búsqueda de un bienestar emocional y espiritual. En caso de usar esta información en este libro, que es su derecho constitucional, el autor y el publicador no asumen ninguna responsabilidad por sus acciones.

ISBN: 978-1-5043-7597-9 (tapa blanda)
ISBN: 978-1-5043-7599-3 (tapa dura)
ISBN: 978-1-5043-7598-6 (libro electrónico)

Número de la Libreria del Congreso: 2017903451

Las personas que aparecen en las imágenes de archivo proporcionadas por Thinkstock son modelos. Este tipo de imágenes se utilizan únicamente con fines ilustrativos. Ciertas imágenes de archivo © Thinkstock.

Información sobre impresión disponible en la última página.

Fecha de revisión de Balboa Press: 05/01/2017

ÍNDICE

Prefacio vii

Introducción...xi

Capítulo 1 1
Poco a poco

Capítulo 2 9
No me limites

Capítulo 3 19
Descansa en mí

Capítulo 4 31
Libérate

Capítulo 5 45
Protege tus sueños

Capítulo 6 57
No dejes de compartir tu historia

Capítulo 7 71
El perdón

Capítulo 8 85
Dar para recibir

Capítulo 9 99
Un Dios de abundancia

Capítulo 10.. 113
Lo que no se ve

Biografía.. 125

PREFACIO

1 Pedro 1:23 Siendo renacidos no de simiente corruptible, sino de incorruptible, por la Palabra de Dios que vive y permanece para siempre.

Este libro nos enseña el testimonio de Willy Bermello, y explica el crecimiento que ocurrió en él, cuando comenzó a leer en alta voz la Palabra de Dios. Toda persona que tiene familiares que todavía no han recibido al Señor como su Salvador, le recomiendo que lean este libro, para que tengan una revelación de lo que la Palabra de Dios y el Espíritu Santo hace en sus vidas.

En el año 2010, Daysi me pidió el favor que le diera clases de Biblia a Willy. Al principio le dije que no, pero algo dentro de mí me dijo que era necesario que lo hiciera. Oré a Dios que me dirigiera como hacerlo y puso en mi corazón que le llevara todas las clases del Instituto Bíblico de Alpha y Omega. Comenzamos con el libro de Génesis y cuatro años después, terminamos con Apocalipsis. Después comenzamos a estudiar diferentes temas de importancia. Cuando llegamos al Evangelio de Mateo le recomendé a Willy, que él lo leyera en alta voz. Así la Palabra de Dios entraba a su espíritu por sus ojos, oídos, salía por su boca y llegaba a su espíritu.

Esta es la razón principal por la cual yo le recomiendo a toda persona que lea este libro. Willy comenzó a leer la semilla incorruptible que es la Palabra de Dios, y así como leía, esa semilla que había en su corazón del nuevo nacimiento, comenzó a crecer y a crecer.

La fidelidad de Willy, viniendo todos los jueves en su hora de almuerzo a aprender la Palabra de Dios, le agradó a Dios. Y cuanto tuve que cambiar de casa y traer el grupo de oración a otro lugar, había tres casas disponibles, el Señor puso en mi corazón la casa de Willy y Daysi; y estoy segura de que fue la fidelidad de Willy en aprender más de Dios.

Un día tomé la oportunidad de decirle a Willy que tenía que comenzar a predicar, porque Dios tenía un llamado para que él llevara su testimonio a muchas personas. Eso ocurrió hace más de un año.

Esta es la razón por la cual recomiendo este libro para toda persona que necesite saber la importancia de aprender cómo se recibe de Dios y el funcionamiento de la ley de fe, que es la ley principal para recibir las bendiciones que nos ha dado Cristo Jesús en su obra redentora.

Pastora Dyhalma Garcia
31 de diciembre de 2016

INTRODUCCIÓN

INTRODUCCIÓN

Saliendo de la Oscuridad está basado en 10 prédicas sobre la importancia de la Fe. El libro también es una compilación de anécdotas y testimonios personales.

Es un recuerdo de mi evolución espiritual, criado desde niño como católico, con todas las costumbres, ritos y tradiciones de la iglesia católica. Cargaba también conmigo ciertos prejuicios hacia aquellos que no lo eran.

Hace 22 años, fui por vez primera a una iglesia cristiana. Hasta ese momento no había abierto una biblia. No había leído un versículo bíblico. Ni curiosidad había tenido.

No sabía ni pío de la vida de Jesús o de sus enseñanzas, excepto las cosas superficiales que veía en una película o documental histórico.

No era un hombre de Fe.

Pensaba que todos éramos hijos de Dios y que si hacíamos el bien iríamos al cielo.

Mi llegada a la iglesia Alpha & Omega gracias a mi esposa Daysi, cambió todo esto. Años después, en el cuarto de mi hijo Willy Jr., en la casa de Orduna, recibí al Señor con el Pastor Alberto Delgado.

Por años en Alpha & Omega fui madurando espiritualmente, pero a la lentitud de una planta. En el año 2010 comencé a asistir a un grupo de oración que dirigía la Pastora Dyhalma Garcia. El grupo se reunía en la casa de María Elvira Salazar, conocida periodista de noticias de la televisión hispana, en Miami.

Nada en la vida es casualidad. Pero dos cosas ocurrieron.

Primero, desarrollé una linda amistad con la Pastora Dyhalma Garcia. Complementando mis domingos en Alpha & Omega, todos los jueves desde el 2010, la Pastora Dyhalma y yo almorzábamos en casa y estudiábamos la Palabra. La Biblia la estudiamos de punta a cabo.

Segundo, en el 2014, el grupo de oración se relocalizó a nuestra casa, donde continúa reuniéndose hoy en día. Yo no sé por qué, pero tal vez el hecho de que el grupo se relocalizara a casa, contribuyó a que tomara un interés especial. Me autodesigné DJ a cargo de las alabanzas. Aunque yo no lo veía, estaba creciendo un cambio en mí. La Pastora Dyhalma lo veía; y, en el 2015 un día me dijo "Willy, tú debes predicar, háblanos el sábado, que tú tienes un llamado muy especial para hombres y mujeres de negocio"

Por supuesto le hice caso a la Pastora y las primeras 10 prédicas, combinadas con anécdotas y testimonios personales, son el objeto de este primer libro. Este libro es dedicado a mi esposa Daysi, quien fue y es una fuente de motivación y perseverancia. Aunque mi guía y mi compás ha sido la Pastora Dyhalma Garcia, sin ella todavía estaría en la orilla sin mojarme los tobillos.

Una mención muy especial a mis grandes amigos, y líderes espirituales el Pastor Alberto Delgado y su esposa Mariam; y no puedo dejar de mencionar a mis dos estrellas, mi hijo Willy A. Bermello, Jr. y a mi hija Alexia Isabel Bermello, que se turnaron filmando todas las prédicas para que otros las puedan ver y oír en VIMEO y YouTube; y, finalmente a mi gran amiga Esperanza Chacon, que fielmente mecanografió y editó todas mis anotaciones e ideas.

Willy A. Bermello
Diciembre 16 de 2016

POCO A POCO

Capítulo 1

POCO A POCO

Emigré con mis padres a los EEUU el 22 de Octubre de 1960. Tenía 9 años al llegar a Miami. Yo había sido criado en una familia Católica.

Mis padres, en Cuba, fueron criados en la religión católica y sus padres antes de ellos también. Nuestra familia era característicamente tradicional dentro de la sociedad y cultura cubana. Una sociedad y cultura que aunque de forma silenciosa pero con evidentes prejuicios, despreciaba otras religiones que no fueran la católica y en lo particular las llamadas iglesias protestantes.

Desde niño, mi percepción era que estos prejuicios y las diferencias entre católico y protestante tenían como base el estatus socioeconómico más allá que las diferencias basadas en fundamentos teológicos. El Padre Nuestro era similar, el Dios era el mismo.

Por muchos años, ya adulto, casado y con dos niños, resistía con gran inflexibilidad las peticiones, invitaciones y ruegos de mi esposa Daysi para que la acompañara a una iglesia Cristiana.

Por vez primera en 1994 visité la Iglesia Alpha y Omega, una iglesia Cristiana - Evangélica- Pentecostal en el Oeste de Miami.

Mi esposa ya hacía varios años que a escondidas asistía con su hermana y algunas veces con mi hija, que fue la primera en nuestra familia en aceptar al Señor. Pero en casa durante todos estos años se hacía poca mención del tema, evadiendo discordia o una confrontación familiar.

En esos tiempos, yo en repetidas ocasiones le recordaba a mi esposa que yo era R.C.A, es decir Romano, Católico y Apostólico. Como para decir, desiste de tratar pues no me vas a cambiar.

Pero bastó un solo sermón del Reverendo Alberto Delgado en 1994 y todo dentro de mí comenzó a cambiar. Poco a poco creció en mí un despertar espiritual diferente, con sed de conocer más a aquel Dios en el cual yo siempre había creído pero del cual poco conocía.

Poco a poco comencé a vencer una serie de barreras y obstáculos que me ataban al pasado y detenían mi crecimiento espiritual, algo a lo que hasta ese momento le había dedicado poca atención.

1.   USO DE RAZONAMIENTO:

La primera barrera que tuve que superar fue la dependencia en el uso del razonamiento, donde dos más dos son cuatro. Yo estaba acostumbrado a depender de datos y evidencias, al igual que hechos y pruebas para llegar a una conclusión. Yo no estaba acostumbrado a caminar por fe. Pero poco a poco, leyendo la Palabra, algo que como católico nunca había hecho, comencé a cambiar mis preocupaciones y ansiedades de negocio o de mi familia, por un descanso total en el Señor. Y poco a poco, el temor y la duda sobre lo no visto o no conocido, fue cambiado por fe.

2.   AUTORIDAD:

Desde niño para mí el símbolo de autoridad era mi padre terrenal. En segundo plano estaba el sacerdote de la iglesia y el maestro en la escuela. Poco a poco aprendí que cuando Cristo murió, Él murió por mí y murió por ti. Y que Cristo resucitó y que al aceptar a Cristo como mi Dios y Salvador, su victoria también es mi victoria. Aprendí que en Cristo tenemos la autoridad de atar y desatar. También tenemos la autoridad de declarar con nuestra boca las cosas que no son, como si fuesen.

3.   EL PODER DE HABLAR:

Retrospectivamente por más de 45 años yo era mudo con mi Padre Celestial. Nunca oré en alta voz. Nunca me oyó hablar. ¿Qué pasaría si tus hijos no te hablaran? ¿Si tus hijos no se dirigieran a ti o no te solicitaran tus consejos o ayuda? Es más, ¿qué es lo que uno típicamente hace cuando está bravo o se enoja con alguien? La respuesta es que uno, enojado cierra la boca como una presa y ni un murmullo sale. Comienza la guerra del silencio. De manera que el silencio es representativo de una separación. Y lo mismo ocurre con el Señor. Poco a poco entendí la importancia de expresar con mi boca lo que sentía en mi corazón. Reconocí que no es suficiente sentir o pensar. Hay que hablar. El Señor no creó el mar y la tierra, las aves y al hombre, pensando o sintiendo. El Señor los creó hablando. En Génesis 1:3, Dios dijo: " Sea la luz y fue la luz"

4.   ALABAR Y RENDIRSE AL SEÑOR:

La primera vez que fui a Alpha y Omega mi primera impresión fue que me habían llevado no a una iglesia, sino a una casa de locos. Durante el servicio la gente con las manos alzadas, alabando al Señor con cantos y oración. A veces empezaban a dar brinquitos y algunos se caían al suelo llenos del Espíritu Santo. Para mí todo esto era nuevo. La iglesia no lucía como una iglesia y el Pastor ni lucía ni actuaba bajo mis preceptos católicos de cómo se conducía un hombre de Dios. Lo que sí sé es que después de ese shock inicial, todo lo que vi y todo lo que oí, me gustó. Y quería más y más.

Poco a poco reconocí que alzar las manos era un gesto, un símbolo de un rendimiento incondicional. Un rendimiento a Él y solo a Él. Para los hombres el concepto de rendimiento no es fácil, los complejos de machista lo hace aún más difícil.

Yo fui criado por mi padre, para el cual bajo ningún concepto yo podía rendirme ante cualquier situación o persona. Lo que mi padre nunca me enseñó es que esa regla tenía un asterisco y que la única excepción era Cristo; y, frente a Él sí me podía rendir. Poco a poco estos complejos desaparecieron y vino un cambio sobre mí, pues cómo podía yo reconciliar todas las payasadas que mis amigos y yo hacíamos celebrando un gol o una victoria del equipo de los Miami Dolphins y no celebrar al que no por nuestras obras, sino por Gracia nos perdonó y nos regaló la Salvación. ¿Cómo podía justificar dar brincos, dar "high fives" cantar canticos y otros ritos más, pero limitarme a no hacer similar celebración por el Señor?

5. CONOCER ES UN REQUISITO PARA AMAR:

Desde muy pequeño si alguien me preguntaba, si yo creía en "Papa Dios", yo automáticamente respondía, que sí creía en Dios y que lo amaba. La verdad que mis palabras aunque absolutas, tenían tanta substancia como las palabras de una cotorra bien entrenada.

Poco a poco aprendí que es imposible amar de verdad a alguien que no conoces. ¡Te imaginas por un momento que mi padre o mi madre, que en Paz descansen, me hubieran escrito una carta o me hubieran dedicado una tarjeta postal durante las Navidades y que yo no me tomara el tiempo de leerla! o más aún, me hubieran escrito un libro o manual de enseñanza para mí y yo lo despreciara sin abrirlo, sin desmenuzar sus palabras y aprender de sus enseñanzas.

¿Eso sería un acto de amor o un acto de indiferencia?

A mí, como padre, la mayor satisfacción personal es la obediencia de mis hijos y me alegra cuando vienen a mí, cuando me buscan para que les aconseje y los ayude. Y lo mismo ocurre con el Señor, el concepto es el mismo.

En la canción "Temprano yo te buscaré" (De madrugada yo me acercaré a ti), el mensaje es que lo primero que debes hacer cuando tienes un problema, cuando estás en la disyuntiva donde tienes que tomar una decisión, lo primero que debes hacer es ir a Él, para que su palabra te guíe y descanses en Él.

LA FE ACTIVADORA

El cristianismo tiene 3 pilares: el Amor al prójimo, la Resurrección y la Fe Activadora. En Hebreos Capitulo 11 Versículo 1, se encuentra la definición de Fe Activadora: "La Fe es la certeza de lo que se espera, la convicción de lo que no se ve".

Cuando en Génesis Dios dijo: "Sea la luz y fue la luz" lo que se ve, todo lo que está alrededor de nosotros, fue creado por lo que no se ve. Y para aquellos que no aceptan fácilmente el concepto de la Fe, en Hebreos 11:6 recibes un aviso importante cuando dice la Palabra: "Sin Fe es imposible agradar a Dios".

Como buen Católico, yo me crié, pensando que si solo hacía buenas obras, respetaba y toleraba la manera de pensar de otros, no hería a nadie, evitaba vicios, no me entretenía en chismes, etc., etc., en otras palabras, si solo hacía el bien, me ganaría el cielo y el amor de Dios.

Si tú te criaste igualmente, ambos estábamos bien lejos de la verdad. Pues sin Fe y si no descansas en Él, te quedarás miserablemente corto de la meta final. Pero la buena noticia, es que con Fe, todo es posible.

En Marcos 9:23 vemos un padre con su hijo, que desde niño el muchacho estaba endemoniado. Por años había tratado todo tipo de medicamentos y tratamientos, sin resultado. Es más hasta los mismos discípulos de Jesús, también trataron pero el resultado fue el mismo. Solo Jesús ministrando al padre del muchacho y a los discípulos, les enseñó que "Si puedes creer, todo es posible".

El poder de la Fe lo vemos en "high definition" – HD en Marcos 5:21-34. Tenemos que recordar que Jesús recorriendo por todo el valle del rio Jordán y Galilea era como un "rock star en tour" las multitudes lo seguían de pueblo en pueblo. Una mujer que llevaba 12 años con un flujo de sangre, había oído hablar de Jesús y decide que lo quiere conocer.

Hay que tener en mente, que en los tiempos antiguos en la religión hebrea el tema de la menstruación de la mujer, la limpieza y purificación eran temas de gran importancia. Esta mujer no solo tenía un problema, sino que además, en el contexto de un foro público estaba prohibido salir a la calle durante la menstruación. En esos tiempos no era fácil cubrir o esconder las manchas del flujo y los olores de su cuerpo.

Pero esta mujer, aunque apenada por su condición, estaba determinada. Ella arrastrándose entre las multitudes, llega a donde estaba Jesús y avergonzada de su condición, la cual escondía agachándose, toca a Jesús por atrás y cuando Jesús se vira, la mujer le dice: "Si tocase solamente tu manto seré salva" y Jesús le dice a la mujer: "hija, tu fe te ha hecho salva".

Hay gran simbolismo en esta escritura, pues el número 12, representaba a las 12 tribus y la mujer a Israel. El manto de Jesús, como todo rabino tenía el "Tallit" con 613 flecos representando cada uno de los mandamientos del viejo testamento. La muchacha sabía que el manto tenía las promesas, pero la fe que ella demostró activó la promesa de sanación.

Dios te ama, y las promesas que son tuyas al aceptar a Jesús como tu Señor y Salvador, solo las puedes activar con la fe. Es como la promesa de transporte que es representada por tu carro o automóvil. Sin la llave de arranque, el carro aunque es tuyo, se queda estacionado y no te lleva a ningún lugar.

La fe no es constante tampoco. Puedes ser de mucha fe o de poca fe. Es como un músculo en tu cuerpo que fortaleces con ejercicio. La fe la fortaleces de acuerdo con las escrituras, con ayuno y oración, escudriñando y meditando la bendita Palabra de Dios.

NO ME LIMITES

Capítulo 2

NO ME LIMITES

Si alguien me preguntara, qué es lo que más me puede frustrar o desconsolar en mi negocio, en el proceso de colaborar con asociados y colegas, bien se pudiera esperar que la respuesta fuera la falta de cumplimiento de metas donde había una gran expectativa de éxito. Es decir, el no alcanzar metas que me he trazado, sabiendo bien que tengo la capacidad, intelecto y energía necesarios para alcanzarlas.

Y aunque no hay duda de que el no satisfacer expectativas puede frustrar a cualquiera, mi mayor desconsuelo es el compartir con un colega un consejo o dar una solución para resolver una problemática o dar instrucciones o una directiva con lujo de detalles y que no sea seguido, resultando en un incumplimiento de responsabilidades y obligaciones corporativas.

En otras palabras, el sentir que mis consejos son despreciados y que mis conocimientos no son valorados.

Fuera del ámbito del mundo de los negocios y de las grandes corporaciones, en el contexto de la familia la situación es similar.

¿Alguna vez has aconsejado a un hijo o hija, diciéndole que no se asocie con fulano o fulana, que son yugos desiguales y eso tarde o temprano va a terminar mal?, y la respuesta de tu hijo o hija es "Papá o Mamá, déjame vivir mi vida, no te metas más, no te metas en lo que no te importa, que yo soy como soy".

Si eres como yo, de carne y hueso, al oír semejante comentario de un hijo o hija, sin duda tienes que sentirte frustrado y desconsolado. Te sientes rechazado por tu propia sangre; y, aunque tienes en tus manos el conocimiento y la sabiduría para guiar a tus hijos, en ese instante te sientes impotente, pues tus hijos, queriendo o sin querer, te han limitado.

Lo mismo hacemos muchas veces tú y yo con el Señor, lo limitamos. Algunas veces lo limitamos a una horita el sábado o domingo.

Él nos dejó en su Palabra un sinfín de promesas que con lujo de detalle nos explica, pero raramente profundizamos y meditamos en su Palabra. Típicamente nos concentramos en raspar solamente la superficie.

Cuando limitamos al Señor, que es omnipotente, dueño de todo el oro y la plata y para quien nada es imposible, lo que le estamos transmitiendo al Señor, es que no queremos que se meta en nuestras vidas.

Estas limitaciones las vemos más a menudo cada día. Por ejemplo hoy en día, está prohibido orar en las escuelas públicas.

Si estás almorzando o cenando en un restaurante y ves a una familia tomarse las manos y dar gracias ante los alimentos, esto es la excepción, no la regla.

Y vemos como bajo el concepto de "political correctness" se trata de eliminar a Cristo de la celebración del nacimiento de Jesús, reemplazando Merry Christmas con Happy Holidays.

Mi opinión en este último ejemplo de la creciente política de eliminar a Dios de la ecuación es simple, aquellos que sean hebreos deben poder celebrar todas sus fiestas hebreas sin limitación y no importa si es Yom Kippur o Rosh Hashanah, hay que respetar la celebración de fiestas hebreas. Lo mismo hay que respetar a los musulmanes en su celebración de Ramadán, pero bajo ningún concepto podemos permitir o tolerar esfuerzos de eliminar a "Cristo de Christmas".

Nuestra vida pasa por 4 etapas: infancia, adolescencia, adultez y vejez.

Durante la infancia, no hay filtros. Hay una entrega total, producto de la inocencia; y en esta etapa los padres son todo.

En la adolescencia se desborda la aventura y nace la maldad; los padres no saben nada y el Yo comienza a desarrollarse.

Ya de adulto, la responsabilidad familiar y económica está en la primera fila y uno empieza a conciliar y reconocer "qué razón tenía papá". Y en la vejez uno reflexiona, qué hubiera sido de mí, si hubiera sabido lo que sé hoy.

Durante la etapa de adulto, el proceso de uno hacerse responsable tanto económicamente como dentro del contexto familiar, es una función de establecer límites, protocolos, reglas de conducta y procedimientos en cuanto a los aspectos materiales e interpersonales. Es más, cuando uno describe a una persona diciendo: "Fulano o zutano es un adulto" lo que uno quiere decir es que esa persona es responsable y sabe cuáles son sus límites.

El problema surge en que todo lo material, todo lo natural fue creado por lo espiritual; y, las reglas del hombre no se aplican a lo sobrenatural. Como consecuencia tendemos a confundirnos, aplicándole al Señor las reglas y protocolos del hombre.

Si tratamos de "ser responsables" aplicando reglas del hombre al Señor, terminamos limitando nuestros sueños, limitando nuestra visión y limitando nuestra Fe.

El campo de batalla para todos nosotros es nuestra mente. La duda, el miedo, el temor y la impaciencia son los enemigos de la Fe y representan las mayores limitaciones al Señor, anulando las promesas que Él tiene para nosotros.

En el libro de Santiago 5:11 las escrituras hacen referencia a la paciencia de Job. Para mí sin embargo la historia de José, hijo de Jacob en Génesis 37-50 es posiblemente una de las historias más lindas de como descansar en el Señor y no limitarlo.

José era el más joven de 12 hermanos, y a la edad de 17 años comparte primero con sus hermanos y después con sus padres 2 sueños que había tenido donde él se veía como el centro de su familia.

El compartir sus sueños, resultó en la ira y envidia de los hermanos de José, que conspiran para matarlo y terminan vendiéndolo como esclavo. Como esclavo comienza una travesía que lleva a José a Egipto, donde es comprado por Potifar, oficial del Faraón. En casa de Potifar, José se destacó dentro de los esclavos y pronto se encontró que era el objeto de admiración de la esposa de Potifar, quien al ser rechazada por él lo acusa de violarla.

Por mucho cariño que le tuviera Potifar a José y aunque sabía bien qué ficha tenía de mujer, bajo las acusaciones de su mujer no le quedó otra opción que meter a José en la cárcel.

Imagínate por un momento, José primero es traicionado por sus hermanos y después traicionado por la esposa de su amo, ambos casos lo llevaron cerca de la muerte y suficiente para que otra persona en su lugar dejara de creer o perdiera la Fe. Pero no José, el nunca dejó de confiar en el Señor.

Después de encarcelado, José de nuevo se destaca entre todos los presos, y procede a interpretar dos sueños de 2 encarcelados que antiguamente trabajaban en el palacio del Faraón.

Su éxito en la interpretación de sueños en la cárcel, promueve a José a ser recomendado para interpretar dos sueños del Faraón que los magos en el palacio no pudieron interpretar. Un sueño era sobre unas vacas gordas y vacas flacas; y, el otro sueño era sobre unas espigas gordas y unas espigas flacas.

José procede a interpretar los 2 sueños. A diferencia de los magos del palacio antes de él, José tenía todo el derecho de darse todo el crédito para no ofender al Faraón, pero en contraste con las tendencias de otros al lado del Faraón, que le decían lo que creían que el Faraón quería oír, José se paró ante el Faraón y le dio todo el crédito a Jehová su Dios, cuando le dijo al Faraón:

"No está en mí, será Dios que te dará la interpretación"

José nunca limitó al Señor. Es más toda la Gloria se la dio al Señor. Y a continuación vemos como un esclavo hebreo se convierte en el hombre más poderoso de Egipto, después del Faraón.

La Biblia está repleta de milagros que enseñan la misericordia y Gracia de Dios. Hay dos ejemplos que son favoritos míos, donde vemos como lo imposible se hace posible, ejemplos donde vemos que para el Señor nada es Imposible.

En Samuel 17 encontramos a la armada de Israel en el campo preparándose para la batalla ante los Filisteos. Ambos ejércitos acampaban en las montañas, que formaban el valle de Ela.

Isaí, un señor mayor de edad, tenía 3 hijos mayores, soldados en el batallón del Rey Saúl. Llevaban 40 días en preparación para la batalla y se les estaba acabando la comida. Isaí decide enviar a su hijo menor de regreso a su casa a fines de enviarles comida a sus hermanos. El niño David era un simple pastor, no un guerrero como sus hermanos mayores.

Al regresar al campamento, David llega al momento donde puede presenciar como Goliat, un filisteo, reta a la armada de Israel. El reto era que si cualquier soldado Israelita lo pudiera vencer, los filisteos serían siervos de los israelitas para siempre y viceversa.

Hay que tener en cuenta que Goliat era un tipo con casi 7 pies de estatura, más de 300 libras, con casco, armadura y escudo de acero. Goliat estaba armado con una espada y lanza. Para colmo, Goliat tenía adicionalmente un escolta que caminaba frente a él.

Cuando Goliat reta a los israelitas, desde el Rey Saúl hasta el último soldado, a todos se les aflojaron las piernas.

Pero al oír el reto del filisteo, David pregunta en alta voz: "¿Quién es este filisteo incircunciso, para que provoque a los escuadrones del Dios viviente?"

Al oír a David, tanto los hermanos de David, como el Rey Saúl tratan de persuadir a David. Y David le hace un cuento a Saúl de cómo él mató un león y un oso que atacaron un cordero de su rebaño. David procede a contarle a Saúl que igual que mató al león y al oso, David haría lo mismo con el filisteo.

En David no había duda. No había miedo en David.

David le dice al Rey Saúl: "Jehová, que me liberó de las garras del león y de las garras del oso, él también me librará de las garras de este Filisteo"

El Rey Saúl estaba preocupado aun por lo que para él era una confrontación imposible de ganar por el pequeño pastor en frente del guerrero gigante.

El Rey Saúl trata por todos los medios de igualar la ecuación ofreciéndole a David un casco, una coraza y espada de acero.

Pero el joven David rechaza toda oferta del Rey y en su lugar opta por 5 piedras y una honda para enfrentarse al gigante.

Goliat al ver a David, se burla de él, lo ridiculiza y maldice en frente de todos. Por su lado David antes de lanzarle la piedra a Goliat le dice: "Tú (Goliat) vienes a mí con espada y lanza, más yo vengo en el nombre de Jehová de los ejércitos, el Dios de los escuadrones de Israel, a quien tú has provocado: Jehová te entregará hoy en mi mano."

David desató el inmenso poder de Dios, para que el Señor peleara la batalla, sin límites, sin condiciones.

Antes de aceptar al Señor y aprender la palabra yo siempre me preguntaba, ¿Si Dios es tan poderoso, por qué no hace todo para eliminar los gigantes que cada uno enfrenta en su camino?

La respuesta de esta pregunta tiene dos partes.

La primera es que Dios nos dio libre albedrío para poder escoger, pues Dios quiere saber lo que tenemos en nuestro corazón.

La segunda parte es que con cada reto, con cada victoria sobre los gigantes que cruzan nuestros caminos, escalamos a un nuevo nivel de recompensa y bienestar.

En el libro de Lucas Capítulo 5, versículo 2 al 10, vemos a Jesús en Galilea con sus discípulos. Se había formado un gran gentío a la orilla del lago, de personas que venían a oír a Jesús. A continuación, Jesús les dice a los discípulos que aparten la barca de la orilla para hablarle al pueblo. Después de terminar el sermón, Jesús ahora les dice a los discípulos "Boga mar adentro y echad vuestras redes para pescar".

Pedro le responde a Jesús "Maestro, toda la noche hemos estado pescando y nada hemos pescado". Aquí Pedro se queja en gran parte porque Pedro y los otros discípulos eran pescadores. Jesús era un simple carpintero. El razonamiento de Pedro era como pescador.

El razonamiento y la experiencia nos dice que se pesca de noche y no de día; y, si no habían pescado de noche, de día sería peor.

Los discípulos adicionalmente conocían las aguas del mar de Galilea. Ese era su patio. Estaban cansados. Ellos ya habían lavado y secado sus redes, cuando de pronto un rabino carpintero les dice, muchachos, salgan de nuevo y tiren las redes.

Aunque con su queja inicial Pedro titubeó, se recupera y le responde a Jesús "Maestro, en tu Palabra echaré la red".

A continuación echaron las redes. De pronto empezaron a pescar tanto que las redes se llenaron de pescados y casi se rompían. Vino una segunda barca para ayudarlos y les ocurrió lo mismo. Habían pescado tanto, que ya del peso de los pescados, las barcas casi se hundían.

Si tú has sufrido la desilusión de aquellas personas en que tú confiabas o personas en autoridad te traicionaron o te calumniaron; te trataron de hacer el mal, nunca te agotes. Nunca pierdas la paciencia y la esperanza pues igual que hizo con José, El Señor torna el mal para bien. Pero todo ocurre en su tiempo, no el tuyo.

Si tienes gigantes en tu camino, te acaban de diagnosticar una enfermedad o tienes un hijo o una hija que se ha alejado de ti, o te ves envuelto en una acción legal que amenaza tus finanzas, deja que el Señor pelee tus batallas, no lo límites.

Y si tú sientes que tus redes están vacías y que tus esfuerzos terminan en cero, no te detengas; ve mar adentro y profundiza, medita en la palabra, pon tu fe en Él y Él llenará tus canastas. Tenemos un Dios de Poder ilimitado.

No lo límites con tu manera de pensar o tu manera de creer.

DESCANSA EN MÍ

Capítulo 3

DESCANSA EN MÍ

¿Recuerdas el dolor de golpearte el dedo chiquito del pie, cuando te levantas a media noche y en la oscuridad te tropiezas con el pie de la cama? En ese momento pierdes el sueño y toda la paz y tranquilidad de la noche.

Yo viajo a menudo, hasta dos o más veces al mes. Una de las primeras cosas que hago al registrarme y llegar a la habitación, que ya es un ritual en mi vida, aparte de ver dónde esta y cómo opera el termostato, mi prioridad es ver dónde están los chuchos de la luz y cómo se encienden.

Por experiencia sé que si me levanto a media noche sin saber a dónde voy, en la oscuridad de la habitación y sin saber bien que obstáculo puede estar en mi camino, el resultado no va a terminar bien.

Todos pasamos por espacios de oscuridad en un momento u otro. La ausencia de la luz al igual que la ausencia de conocimiento y discernimiento, resultan en inseguridad, y te detiene. Al menos la inseguridad te hace disminuir tu ritmo y tus pasos son más lentos pues careces del entendimiento de dónde estás y a dónde vas.

En la oscuridad no tienes entendimiento. Te rodea un vacío. Con la falta de luz te entra la duda, miedo e incredulidad.

La metáfora de los espacios oscuros representa toda circunstancia nueva en tu vida.

Pero si sabes dónde está el "chucho" de la luz y si tienes entendimiento en tu corazón, todo cambia debajo de tus pies, la debilidad y la inseguridad se transforman en seguridad, fuerza, confianza y vigor.

La Palabra es la Luz. Es el entendimiento de lo que tienes enfrente de ti. Y ese entendimiento, con su resplandor, anula la parálisis, el freno en tu vida, cuando confrontas la oscuridad.

En el libro de 2 Samuel, capítulo 22, versículos 29-30 dice la Palabra: "Tú eres mi lámpara oh Jehová; mí Dios alumbrará mis tinieblas. Contigo desbarataré ejércitos y con mi Dios asaltaré muros".

Y en el Salmo 119 del versículo 105 y 165 la Palabra dice "De tus mandamientos he adquirido inteligencia; por tanto he aborrecido todo camino de mentira. Lámpara es a mis pies tu Palabra y lumbrera a mi camino".

La Palabra es la luz y siempre ha estado ahí, igual que las leyes de la electricidad que encendieron la luz de mi habitación.

Esa Palabra está ahí para ti y para mí. Pero para que la Palabra alumbre tu camino, tienes tú que recibirla, escudriñarla y meditar en ella. Solo entonces tendrás revelación.

Pues si no, es como si no hubieras encontrado el chucho de la luz. Es como si la luz no existiera.

En Efesios 1:17-18, Pablo les escribe a los efesios y les explica "El Padre les da espíritu de sabiduría y de revelación en el conocimiento de Él, alumbrando los ojos de nuestro entendimiento".

Cuando todo va bien en tu vida, en tus negocios; y, cuando nada te duele y no estás pasando por obstáculos o tropiezos en tu vida, todo lo damos por sentado. En la luz del día, es fácil olvidarse de la importancia de esa lámpara que iluminara tu noche y todas las brechas que estén en tu camino.

No es coincidencia que más hombres buscan al Señor y se convierten en una cárcel o en un calabozo, que en un "board room" de una compañía FORTUNE 500.

Es que entre esas 4 paredes de una celda, en medio de la soledad y en esa oscuridad es bien tangible que solo el poder y Gracia del Señor te puede quitar los grandes obstáculos que enfrentas en tu vida. Y solo la Palabra del Señor te puede dar la luz que alumbrará tu camino.

Yo fui criado bajo la enseñanza católica de que yo era un reflejo o un espejo no solo de mis acciones sino también de mi ambiente y asociaciones. Para mí fue un "paradigm shift", es decir una disyuntiva, el pensar y entender que yo fui creado a la imagen de Dios y que al recibir al Señor, por Gracia, yo era justo y coheredero con Jesús.

Cuando leemos en Juan 14:27, la Palabra nos dice, "La Paz os dejo mi Paz os doy". ¿En algún momento has pensado lo poderoso que es el tener paz en tu corazón?

Nosotros no solo somos "coherederos" con Jesús, de todo el oro y la plata, sino que también tenemos y disfrutamos de la misma autoridad, sabiduría, paz y poder que Jesús. Pero solo si lo puedes creer.

Recuerdo que yo estaba acostumbrado a que en la iglesia católica la única voz que se oía en la misa era la del sacerdote todos los domingos. Es más, de niño recuerdo que hablaban en latín con la espalda al público. Yo asumo que mis padres estaban tan perdidos como yo.

De mayor ya presencié cambios en la iglesia católica y, ya los curas se viraban hacia el público y sustituyeron el latín por el idioma del país.

Recuerdo que con unas pocas excepciones de versos u oraciones memorizadas, que todos los feligreses repetíamos todos los domingos, religiosamente durante la eucaristía de la misa católica, el resto de la misa hablada estaba concentrada en el sacerdote de la parroquia.

El concepto de hablarle a las circunstancias era nuevo para mí. El concepto de que con nuestra boca y nuestras palabras, en Cristo Jesús podemos cambiar nuestras circunstancias, declarando las cosas que no son como si fuesen, era un concepto nuevo para mí.

Si nos fijamos en los "motivational speakers", en gran parte promueven el concepto de "mente positiva" o pensamientos positivos. Estos señores reconocen el poder de declarar condiciones positivas cambiando la actitud y perspectiva del hombre.

En gran parte estas enseñanzas tienen su fundamento en las escrituras, pero se quedan cortos pues no reconocen el autor y maestro de las enseñanzas.

Yo estudié en las escuelas públicas de Miami, desde el 3er grado hasta los niveles post- universitarios. Soy en parte producto de esos medios, medios que calificaban lo espiritual como la antítesis de lo intelectual.

Nunca asistí a una escuela jesuita, católica o cristiana. Los héroes para mí eran Isaac Newton, Alexander Graham Bell, Thomas Edison, José Martí y Abraham Lincoln.

Mi enseñanza estaba enfocada en los logros del intelecto del hombre. Adicionalmente todo estudio de ciencia en las escuelas estaba bajo las influencias de las tesis de Charles Darwin (siglo 19) y su teoría de la evolución, el cual le arrebataba todo el crédito de la creación a Dios, sustituyendo a Dios por un proceso biológico de adaptación dentro del concepto de la "sobrevivencia de los más saludables" sin la intervención de Dios en el proceso.

Recuerdo que en mis estudios en cuanto a filosofía, literatura y uso de razonamiento, desde el siglo 17 las ciencias también reflejaban los pensamientos de René Descartes, "cogito ergo sum" es decir "Pienso, luego existo". El foco central era la mente del hombre, no Dios.

En el siglo 20, filósofos existencialistas, ateos como Jean Paul Sartre, influenciaron en mayor escala la literatura, sociología y filosofía, llevando las enseñanzas y pedagogías en las escuelas lejos de Dios, con un enfoque en el Yo.

No es coincidencia que desde joven universitario, para mí el énfasis en mi vida estaba enfocado en la autosuficiencia. Mi entendimiento en ese momento era que para poder competir y ser exitoso, solo tenía que estar más preparado intelectualmente que la persona al lado mío. Estaba convencido de que el éxito o fracaso sería una función de mi mente y mis acciones. Todo estaba basado en mi capacidad, Dios no era parte de la ecuación.

Yo abrí una Biblia por primera vez hace 20 años. Hasta ese momento nunca había formado parte de mi vida el conocer de Dios, y tener un entendimiento de la Palabra. La Fe no era un componente en mi pensar y menos de mi actuar. La fe nunca fue parte de una auto evaluación, nunca formo parte de un "report card" o evaluación escolar.

En marzo del 2003, yo estaba en el proceso de refinanciar el préstamo del proyecto Aston, un condominio en Coral Way, una conocida avenida de Miami. Recuerdo que en esos momentos no solo tenía las dificultades de lidiar con el banco sino también con mis socios capitalistas.

Toda la restructuración para cambiar el crédito original, un préstamo para la construcción de un edificio de apartamentos de renta a un edificio de condominio tendría que hacerse a "medio camino" durante la propia construcción del proyecto.

El mercado había cambiado, nos veíamos forzados a cambiar, pero ni el banco ni los socios estaban interesados en cambiar el plan de negocios de un concepto de alquiler a un concepto de venta, lo cual encareció el costo del proyecto y los múltiples obstáculos legales y financieros que tuve que sobrepasar.

Para hacer las cosas más difíciles aún, el entonces Presidente de los Estados Unidos George W. Bush, decide atacar Iraq. Al estallar la guerra, con la incertidumbre en el mercado inmobiliario, pierdo no una pero todas las reservaciones de venta de condominios que teníamos hasta ese momento, lo cual nos forzó a empezar en cero de nuevo.

Entre el proceso de refinanciamiento y tratar de recuperar todas las ventas perdidas, estuve en un nivel de stress que no podía dormir. Estaba irritado con todo el mundo. En vez de hablar como una persona normal, explotaba con el más mínimo incidente. La paz que Jesús había dejado para mí, yo no la tenía en mi corazón.

Yo venía de una manera de pensar donde todo giraba alrededor del Yo. Venía de un lugar donde todo caía en mis hombros.

No sé si fue por orgullo o complejo pero ni a mi padre, que en paz descanse, le contaba lo que estaba ocurriendo en mi vida.

El refinanciamiento y la pérdida de las ventas habían llevado el proyecto Aston al borde del fracaso. Yo con mis acciones y decisiones me había puesto todo el peso en mis hombros, y aunque había recibido a Cristo como mi Señor y Salvador, años antes, todavía estaba en pañales espirituales.

Al finalizar el refinanciamiento y no solo recuperar las ventas perdidas, sino también vender el balance del inventario de unidades, dándole gracias al Señor, reflexioné en lo que había pasado. Ningún padre quiere que su hijo sufra ansiedad o que se vea sofocado con stress, pero había

sido mi decisión echarme todo sobre mis hombros y no descansar en
Él. Esa decisión por poco me lleva a un ataque de nervios y un estado de
depresión. Y para mí todavía en lo que sucedía o no sucedía en mi vida
era una relación directa de lo que yo hacía o dejaba de hacer. Nunca le
había dejado espacio al Señor en la ecuación. Yo era cristiano y había
recibido a Jesús pero estaba bien lejos de Él.

En el 2003 estaba bien lejos de entender que el éxito en verdad está en
el descansar en la Palabra. En Juan 14:13 las escrituras dicen, "Todo lo
que pidieses a mi Padre en mi nombre lo haré". Esta promesa que es
tuya y mía, si puedes creer, te da un "carte blanche" para descansar en
Él, pues no te limita cuando especifica que lo hará en "TODAS las cosas
que le pidieses".

Al recibir a Jesús como Señor y salvador, al nacer de nuevo, sin duda
se gana la salvación eterna, pero si no vives y descansas en la Palabra,
tendrás una vida miserable aquí en la tierra, llena de ansiedad y
preocupaciones.

El Señor quiere que cuando yo diga "Padre, en ti creo", mis palabras y
acciones sean un reflejo de mi habilidad de descansar en Él; y, que mi
descanso sea un espejo de mi entendimiento de la Palabra. El Señor
quiere que mi descanso sea una prueba de mi nivel de fe.

Cuando yo ayudo a mis hijos, les doy un consejo o simplemente estoy
en posición de ayudarles, lo que más me agrada es que me escuchen,
guarden mis consejos y que obedientemente descansen en las enseñanzas
que comparto con ellos. Ése mismo descanso lo quiere nuestro Padre
Celestial.

Lo opuesto de descansar en algo o alguien es ser independiente.
La independencia conlleva una separación. Y la dependencia es un
acercamiento. Mientras más dependiente, más cerca se está el uno del
otro.

Esto lo vemos particularmente hoy en los matrimonios, donde la independencia entre el hombre y la mujer ha representado una brecha, una separación.

Lo vemos también con los hijos a veces cuando se quieren independizar, lo primero que hacen es irse de la casa de papá y mamá. Ellos se alejan para independizarse. Al regresar a casa se acercan a sus padres.

Con el Señor vemos lo mismo. Mientras más dependemos de Él, y, descansamos en Él, más cerca estamos de Él.

En Lucas 8, 22- 25 las escrituras nos hablan de la historia de Jesús y sus discípulos al cruzar en la barca al otro lado del mar de Galilea. Mientras navegaban, Jesús se duerme y se desencadena una tempestad de viento. Las olas chocaban contra la barca y los discípulos temían por sus vidas. Viniendo a Jesús, los discípulos lo despiertan diciéndole: "Maestro, maestro que perecemos" Jesús al despertar, habla a los vientos y las olas y cesando la tempestad se hizo bonanza.

Yo de muchacho fui enseñado a no descansar en nada ni en nadie, menos aún dormir durante la tormenta. Mi papá siempre me decía "Willy, no te duermas en los laureles" y recuerda que "camarón que se duerme se lo lleva la corriente". Consecuentemente yo estaba totalmente convencido de que mis recompensas eran un producto de mis esfuerzos y mis logros.

Los discípulos viendo a su alrededor, con el viento soplando y las olas sobrepasando la barca, con duda y temor en sus corazones, estaban teniendo un ataque de nervios. No sabían qué hacer, remaban o quitaban las velas. Presentían que se habían metido en "camisa de once varas" y durante toda la tormenta Jesús estaba en su quinto sueño. El sueño es el descanso máximo. Al ser despertado por los discípulos, Jesús le habla a las circunstancias y las cambia con sus palabras.

Esta historia tiene varias enseñanzas, pero una de ellas es el mensaje que Jesús le transmite a los discípulos sobre descansar en Él, y dejar que cargue el peso en sus hombros. Nos enseña la importancia de hablarle a las circunstancias, atando y desatando, y la importancia de mantener la calma y ecuanimidad frente a toda adversidad.

Cuando Jesús les dijo a los discípulos "Pasemos al otro lado del lago", no les puso condición. No se dirigieron a un "AP" del tiempo a ver primero si había un pronóstico de buen o mal tiempo, y, ver cuál sería la altura de las olas o pronóstico de precipitación. Jesús no puso condiciones. Simplemente dijo "Pasemos al otro lado".

El mensaje que nos dejó Jesús es que si tú lo declaras con tu boca, y tienes Fe en tu corazón, descansando en Él, todo es posible.

Cuando quieres dirección divina en tu vida, cuando quieres que el Señor te guíe, y dices con tu boca "Que sea la voluntad de Dios" está perfecta tu petición. Pero cuando tú tienes una necesidad o algo específico que quieres alcanzar a lo cual le puedes poner nombre y apellido, como "pasar al otro lado del lago" pero en vez de eso dices "lo que Dios quiera" lo que en verdad estás diciendo es que a ti no te interesa el resultado o peor aún que dudas de la habilidad del Señor de darte lo que estás pidiendo. En otras palabras, con el "Si Dios quiere", anulas las promesas que son tuyas.

En Cristo Jesús tenemos el poder de hablarle a las circunstancias y cambiarlas. Es un poder que hemos heredado de Jesús. Pero si no usamos ese poder es igual a que no existiera.

Es un regalo que hemos recibido por Gracia y misericordia del Señor. Si no usamos este poder y si no lo aplicamos en nuestras vidas es como rechazar el regalo que nos hizo Jesús.

No importa lo bien que hubieran remado los discípulos o lo bien que hubieran atado las cuerdas de las velas de la barca, si no descansaban en Él, no hubieran pasado al otro lado.

Cuando estás pasando por un momento negro y tienes gigantes en tu camino, deja que la Palabra sea tu lámpara y luz a tu camino. Si tú descansas en Él, como tú quieres que tus hijos descansen en ti, pasarás al otro lado.

En Efesios 2: 20-22, las escrituras dicen "Jesús siendo la piedra principal en quien todo edificio, bien coordinado va creciendo".

En otras palabras, nos dicen las escrituras, descansa (todo edificio) tu vida en Jesús. Deja que Jesús sea tu roca. Deja que Jesús forme los cimientos de todo lo que harás aquí en la tierra. Descansa en Él.

LIBÉRATE

Capítulo 4

LIBÉRATE

Desde muchacho yo siempre he sido un romántico. Me ha gustado la historia. Consecuentemente he tenido un lugar muy especial para las tradiciones.

De generación en generación en mi casa cuando se hacía sopa de pescado siempre se le cortaba la cabeza al pescado. Estoy seguro de que en otros hogares seguían la misma práctica, que no es más nada que una simple tradición. En los tiempos de antes las cazuelas antiguas eran de un tamaño más pequeño que las cazuelas de hoy y se le cortaba la cabeza al pescado pues no cabía entero en la cazuela. Aunque en las cazuelas modernas cabe el pescado entero, con cabeza y cola, todavía hoy, la cabeza del pescado, donde se encuentra la mayor concentración de proteínas, se sigue cortando a causa de una simple tradición.

En mi familia a veces me critican de ser "un viejo" porque me gustan y aún mantengo pañuelos. En Cuba, mi padre, al igual de muchos de sus amigos siempre andaba también con pañuelos. Recuerdo que mi padre siempre tenía su pañuelo perfumado con colonia "Guerlain". El pañuelo en esos tiempos era una herramienta de caballerosidad. Si mi madre tenía sudor, o se manchaba o se iba a sentar en un asiento que no estuviera limpio, el pañuelo de mi padre venía al rescate.

En los tiempos romanos, el emperador romano dejaba caer su pañuelo para comenzar los juegos en el coliseo. Los romanos usaban el pañuelo para cubrirse la cabeza del sol y también mostraban su apoyo y preferencias en los juegos bandereando su pañuelo en el aire.

En los siglos 14 al 16, el pañuelo era un símbolo de nobleza. En el museo del Prado en Madrid, los cuadros de Velásquez, el Greco y Goya ilustran múltiples ejemplos de la importancia del pañuelo tanto para el hombre como para la mujer.

El pañuelo hoy es puramente decorativo. El Kleenex acabó con los pañuelos. Pero a mí me gustan y por eso es que a veces en casa me han catalogado como dinosaurio.

LAS TRADICIONES

Las tradiciones son como muletas. Las muletas te dan un punto de apoyo pero también te pueden dar un falso sentido de seguridad. Es más, si continúas dependiendo de un par de muletas para una recuperación, estás te pueden amarrar al pasado e impedirte una correcta rehabilitación.

En algunos casos las tradiciones son folclóricas, como las leyendas, con gran detalle y color. Pero si te amarras a una tradición, como el nudo de una soga te limita mentalmente; y, en algunos casos hasta te pueden esclavizar.

De niño mi abuela Matilde me decía: "Si desayunas café con leche y pan con mantequilla, tienes que esperar 1 hora para meterte en el agua; si comes un par de huevos fritos tienes que esperar 2 horas; y si comes carne de res, tienes que esperar 3 horas. Yo era un niño en Cuba. Todo lo que viniera de mi abuela Matilde, su palabra era oro para mí.

Estas instrucciones de mi abuela eran tradiciones cubanas. Tradiciones que se trasmitían de generación en generación. De mi tatarabuela, a mi bisabuela y finalmente a mi abuela Matilde que me lo recitaba con una autoridad como si viniera de un manual médico.

En los tiempos de Jesús, para los fariseos, los saduceos, los escribas y el sanedrín, el ente de gobernación religiosa de los hebreos, la tradición del reposo el sábado era sagrado. La tradición no daba espacio a interpretaciones o excepciones.

Imagínense cómo se había corrido por toda Galilea los acontecimientos de Jesús, un carpintero de Nazaret, que se dedicó a sanar ciegos y leprosos el día de descanso en contradicción con la tradición hebrea.

Cuando los fariseos acusan a Jesús de blasfemia, la prueba más concreta y tangible, aparte de su propio testimonio y confesión de que Él era el hijo de Dios, en casa de Anás y después en casa de Caifás, fue el repetido rompimiento de una simple tradición. Una simple tradición, de la que al igual que los 613 mandamientos en el viejo testamento, fuimos redimidos por la sangre de Jesús. De todas estas tradiciones fuimos liberados.

Jesús vino al mundo con el propósito de cumplir la ley y de redimirnos de ella. Nuestra salvación la recibimos por Gracia y no por obras. Al morir en la cruz del calvario por nosotros, la sangre que Él derramo nos liberó de la ley y todas sus tradiciones.

EXILIO EN MIAMI-1960

Recuerdo que un día recién llegado a Miami con mis padres, mi mamá me manda a bañarme. Yo tenía 9 años a punto de cumplir 10 años. Mi mama no sabía que yo me acababa de comer tremenda merienda.

Pero en el exilio, sin la tata y sin abuela Matilde vigilando, pues toda mi familia estaba en Cuba,- solo nos habíamos exiliado mis padres y yo-, procedí a meterme en la ducha. Recordando las instrucciones de mi abuela, me paré lejos de la ducha en sí, extendiendo un brazo para solo mojar las manos. Con miedo esperé unos minutos a ver si pasaba algo. Un rato después, dejé que la ducha mojara todos los brazos, y continué esperando. A los 10 minutos de estar en la ducha con el agua salpicándome y no pasar nada, decidí mojarme cuerpo completo, enjabonarme y me di un buen baño. Nada me pasó a continuación y me di cuenta de que las instrucciones de mi abuela no eran nada más que una fábula folclórica del cubano.

Pero esa tradición, al igual que otras más, eran sagradas para mi abuela Matilde. Una tradición que aunque bien intencionada, sólo tenía un fin, el amarrarte al pasado, a circunstancias, ritos y costumbres creadas por el hombre. Costumbres que son sembradas en la mente de uno.

Algunas veces uno se encuentra haciendo las cosas repetidamente, en forma de rutina sin preguntarse el por qué. Lo hacemos solo porque era parte de una tradición. No todas las tradiciones son malas o te atan al pasado sin recompensa. Pero siempre tienes que usar sabiduría. Hay tradiciones buenas, de las cuales aprendes. Pero hay muchas que no.

ASOCIACIONES Y ADICCIONES

El tema de ataduras también lo podemos ver más allá de simples tradiciones. Todos sabemos que hay asociaciones que te perjudican; y, algunas asociaciones donde fácilmente se te pegan malas costumbres. Asociaciones donde estas expuesto a malos ejemplos que al transcurso del tiempo empiezas a adoptar como tuyas.

Puede ser un colega en el trabajo, que es mal hablado y cuando vienes a ver tú estás en las mismas. Puede ser un socio de negocios, que cuando puede dar la mala a alguien se la da sin pensarlo dos veces, y cuando vienes a ver tú te has convertido en espejo de tu socio, reflejando esas mismas malas costumbres, resultado de una mala asociación. También lo vemos en el ámbito social, donde se reúnen amistades. De pronto alguien en el grupo comienza a chismear, y cuando uno viene a ver, todos se encuentran envueltos en el chisme.

En el área familiar vemos las situaciones personales entre un marido y su esposa, o un novio y una novia cuando descubren que son muy diferentes o han crecido en direcciones opuestas convirtiéndose en yugos desiguales. De pronto se ven que no tienen nada en común. Peor aún, se faltan el respeto y se lastiman continuamente. En muchos casos la presión de familiares y el temor a un rompimiento amarra a la persona a continuar una relación la cual no tiene sentido.

No es extraño que un gran porcentaje de las relaciones entre parejas sean asociaciones dañinas, sin respeto y sin amor.

La sabiduría de Dios nos enseña que las malas tradiciones tenemos que anularlas; y que en cuanto a malas asociaciones tenemos que separarnos de ellas. Pero las adicciones son mucho más difíciles. Dios te enseña que si tienes una adicción, no puedes poner frente a ti aquello que es objeto de tu adicción. Si tu adicción es la pornografía, cancela los canales "x" y no te pases el tiempo "surfing" el internet. Si tu adicción es el sexo, sabes que si te invitan a un "Happy Hour" después del trabajo, no puedes aceptar la invitación. Y si el juego te consume, olvida de ir a las Vegas o ir a Hard Rock a ver un concierto. Finalmente, si el alcohol es tu punto débil, no te puedes meter en un crucero donde a cada vuelta, pasa un camarero con una bandeja llena de tragos exóticos.

No puedes tomar decisiones que ponen tu debilidad en frente de ti. Si tienes una adicción o te ves envuelto en una mala asociación, o sabes que estás amarrado al seguimiento de tradiciones folclóricas y religiosas, todas estas ataduras son cargas que te limitan, te detienen en tu pasado, no te dejan crecer y cierran la puerta a la Palabra de Dios.

Desde niño hasta los 45 años iba a la iglesia católica todos los domingos. Recuerdo que había una parte de la eucaristía que siempre me llamaba la atención. Era el punto donde el sacerdote se viraba al pueblo y decía "Señor, no soy digno que entres bajo mi techo, pero solo di la Palabra, y quedara sana mi alma". Yo repetía semanalmente estos versos con gozo en mi corazón. Me lo sabía de memoria. Pero confieso que no tenía idea de dónde venía este dicho, menos aún su significado.

Así sucede con los ritos y tradiciones. Hay un componente de repetición y costumbre en sí, como un código, donde hay constancia por falta de entendimiento.

Yo no sabía que ese pasaje provenía del libro de Mateo. Mateo era un cobrador de impuestos en Capernaum. En el capítulo 8 versículo 5 al 13, relata la historia de un centurión, gentil pero convertido al judaísmo. El militar va a Jesús para que Jesús le sanara a su criado, que estaba enfermo, en su casa, postrado sin poder moverse. Jesús le responde al centurión; "Yo iré y lo sanare".

A continuación la respuesta del centurión tomó a Jesús por sorpresa cuando el centurión le dijo "Señor yo no soy digno de que entres bajo mi techo, solamente di la Palabra y mi criado sanará". Jesús se vira a los que estaban alrededor y les dijo "De cierto os digo, ni aún en Israel he hallado tanta fe". Entonces Jesús se vira al centurión y le dice "Ve, y como creíste, tu criado fue sanado".

Lo que sana al criado no es Jesús, sino la fe del centurión.

Ni remota idea tenía yo de que la raíz de lo que semanalmente recitaba en la iglesia católica todos los domingos se encontraba en unas de las enseñanzas de fe más importantes del nuevo testamento. Esta enseñanza resalta que la fe es la certeza de lo que se espera y la convicción de lo que no se ve.

No todos los ritos y costumbres católicas se pueden encontrar en la Biblia como la historia del centurión en el libro de Mateo.

Ritos y costumbres, como la confesión con el sacerdote; la castidad en los sacerdotes; oraciones de penitencia, rezar el rosario, creencia en el purgatorio y el persignarse antes de entrar a la iglesia o si pasa un desfile fúnebre frente a uno, son costumbres y ritos católicos, pero ninguno está basado en la Biblia. Ninguno de estos viene ni de la vida o enseñanzas de Jesús. No se encuentran ni en el viejo o nuevo testamento.

Tiene tanta validez el rezar 3 Ave Marías y un Padre Nuestro después de una confesión como las 2 horas que yo esperaba para meterme en el agua después de un desayuno.

Pero si rompes una tradición, cuestionas el por qué y de dónde viene la tradición, prepárate a que te critiquen. Al meterte en la Palabra y de verdad conocer al Señor todas estas tradiciones se van desprendiendo de ti.

No obstante este proceso no será fácil. Al momento del desprendimiento y separación, amistades atadas a los ritos católicos se burlarán de ti. Dentro de tus propios familiares y tus colegas en el trabajo, murmurarán "ahí va el fanático".

Las personas atadas a tradiciones tienden a encontrar paz y confort en el pasado; y, tienden a resistir cambios de cualquier tipo o nivel. Yo sé bien esto pues yo era así.

LA VIDA DE JESÚS

A veces pienso lo fácil que hubiera sido para Jesús tomar la ruta más fácil, quedarse en Nazaret, heredando el taller de carpintería de José, y no tener que estar saliendo del barrio a evangelizar.

El momento de Jesús en la historia del mundo no fue una coincidencia.

El imperio Romano, por muy arrogantes, crueles y matones que fueran los escuadrones del César, sin duda introdujeron y establecieron por toda Asia Menor sistemas modernos en esos tiempos. La infraestructura que abarcaba desde carreteras de piedra hasta acueductos; más un censo para impuestos y una moneda común, todo preparaba lo que iba a venir.

De todos estos avances, el más importante fueron las carreteras. La trayectoria de Jesús lo llevó de Nazaret a Capernaum, Caná, Betesda, Jericó, Samaria, Tiro, Sidón, Corazín y otras aldeas por el valle del río Jordán hasta Galilea y Siria. A pie era una trayectoria como de 150 millas. Más o menos como ir desde Miami a Vero Beach caminando.

Hay que tener en cuenta que las carreteras eran de piedra y no había centro de auxilio, paradas con comida y servicios como estamos acostumbrados; no había una AAA para ayudarte a lo largo del camino. Pero, aun así, sin estas carreteras Jesús y sus discípulos no hubieran podido transportarse fácilmente, evangelizando de una en otra aldea.

Jesús sabía bien que la única manera de enseñarle al pueblo de Dios predicando y sanando a los enfermos, era saliéndose de su medio ambiente en Nazaret. Donde sus vecinos lo percibían no como el hijo de Dios, sino el hijo de José, el carpintero. Una percepción que estaba llena de duda e incredulidad, lo suficientemente fuerte como para bloquear cualquier enseñanza o mensaje que Él tuviera para compartir.

A veces tenemos que salir de nuestra área de confort para cumplir nuestras metas, hay que asumir el riesgo. Tenemos que no solo aceptar los cambios con gozo y alegría, sino estar preparados para soportar la inconveniencia de un ajuste. Además, cuando uno va contra la corriente del montón, tienes que estar dispuesto a contrarrestar toda crítica, burla y ataque personal.

Yo estoy eternamente agradecido a mi padre y a mi madre, cuando en octubre de 1960 dejaron todo, dejaron a sus padres y todos sus bienes, y salieron rumbo a Miami con solo cinco dólares en sus bolsillos. Se fueron a un país que no conocían, con un idioma ajeno y sin recursos para sobrevivir. Estuvimos viviendo prestado. Por una semana estuvimos en el hotel Shorecrest en Miami Beach, el cual por cierto ha sido preservado y existe hoy en día. No teníamos con qué pagar por las habitaciones, cosa que yo a los 9 años desconocía. Llegaron unos amigos de mis padres que estaban relacionados con la Standard Oíl Company en Cuba, pagaron la factura del Shorecrest Hotel y nos fuimos a vivir con ellos. Mis padres no tenían recursos, pero tenían fe.

Ellos sabían que la única manera de salvar a su hijo de una tiranía comunista y darle una vida en un país de leyes donde se respetaban los derechos humanos, la libre empresa y la libertad de expresión, era sacrificándolo todo.

Otros en mi familia en Cuba no se decidieron a asumir el riesgo y la vida les ha sido una dura enseñanza.

A veces hay que hacer todo lo que se tenga que hacer para alcanzar un objetivo, sacrificando confort, bienes y hasta con riesgo personal si es necesario. Hay que hacer hasta lo imposible, y nunca abandonar tus sueños y tu visión.

En el libro de Marcos, capítulo 2, versículos 1-12 vemos a Jesús en Capernaum, una aldea que se había convertido en la base de operaciones para Jesús. La gente se había amontonado afuera de una casa donde estaba Jesús para tratar de entrar y oír al maestro. Tanta era la gente que no cabía.

Es la historia de 4 hombres que traían a un hombre paralítico, para ver y oír a Jesús. Cuando leí este pasaje por primera vez, pensé en las muchas veces durante mis viajes que encuentro alguna familia que ponen a una tía en silla de ruedas para no tener que hacer la línea de espera y ser los primeros en entrar en el avión. Pero este no era el caso, pues con el paralítico que cargaban, ni a la puerta de la casa pudieron llegar los 4 hombres.

Ellos estaban todos determinados, incluyendo el paralítico. Procedieron a treparse, con el paralítico cargado en cama, a los muros de la casa de al lado, hasta llegar al techo de la casa, donde estaba Jesús. Los 4 hombres bajan por un "traga luz" utilizado para ventilación y lograron poner al paralítico en frente a Jesús. Hay que reconocer que estos 4 hombres realmente pensaron y actuaron de una manera totalmente inusual. Nunca se rindieron. Hicieron algo totalmente inesperado.

Al ver la fe de estos 4 hombres Jesús le dice al paralítico "Tus pecados son perdonados, levántate, toma tu cama y vete a tu casa".

Ese poder de sanar siempre estaba con Jesús. En todo su recorrido por el valle del rio Jordán, el poder estaba con Él. Pero solo podían recibir aquellos que tenían una fe incorruptible.

Jesús tenía una energía incansable. Le estaba yendo tan bien de aldea en aldea, que decide regresar a su pueblo de Nazaret.

En Nazaret poco pudo hacer Jesús. El nivel de incredulidad era tan alto que aunque el mismo poder de sanar a ciegos y leprosos estaba en Él, la fe activadora no se veía en su propio patio de Nazaret. Su última visita por poco termina como "la fiesta de guatao", frase coloquial cubana que se refiere a una fiesta donde todo termina muy mal en una gran contienda.

Era un sábado, el día de descanso, y con sus discípulos entró Jesús a la sinagoga. Allí, con todo el sanedrín sentado, Jesús se levantó a leer del libro del profeta Isaías. Jesús procede a leer "El Espíritu del Señor está sobre mí, por cuanto me ha ungido para dar buenas nuevas a los pobres, me ha enviado a sanar a los quebrantados de corazón, a pregonar libertad a los cautivos y vista a los ciegos, poner en libertad a los oprimidos y predicar el año agradable del Señor".

Dos veces menciona Jesús la libertad.

Jesús, luego de leer el libro de Isaías se sienta, pero "le pone la tapa al pomo" - otra frase coloquial muy cubana- cuando se dirige a la sinagoga y les dice a los religiosos "Hoy se ha cumplido esta escritura delante de vosotros"

Los discípulos se tienen que llevar a Jesús de la sinagoga para evitar una violenta confrontación después de sus declaraciones. Yéndose de la sinagoga, Jesús recalcó "Ningún profeta es aceptado en su propia tierra". Esto nos recuerda que para alcanzar tus metas y finalizar la carrera tienes que liberarte, saliendo de tu zona de confort.

En Génesis 12:1, el Señor le dice a Abraham, "Vete de tu tierra y de tu parentela; y, de la casa de tu padre a la tierra que te mostraré. Y haré de ti una nación grande, y te bendeciré y engrandeceré tu nombre y serás de Bendición. Bendeciré a los que te bendijeren y a los que te maldijeren, maldeciré y serán benditas en ti todas las familias de la tierra".

A los 75 años de edad sale Abraham con Sara su mujer; y, con Lot, hijo de su hermano, y se van de Harán para Canaán.

Tenemos que romper barreras. Tenemos que dejar tradiciones que nos amarran, tradiciones que te ponen en duda. Hay que descansar en la Palabra y no en costumbres y tradiciones creadas por el hombre. Tenemos que liberarnos de tradiciones de idolatría y leyendas.

Yo no sé cuál o cuáles son las tradiciones que te amarran. No sé si tenías una "abuelita Matilde" en tu pasado. Yo no sé si todavía pones una ramita de guano en tu carro en semana santa o te marcas la frente el miércoles de ceniza. Tal vez no comes carne los viernes o te persignas al despegar un avión.

Si tú haces estas y otras cosas, como las hacía yo, el mensaje es "LIBÉRATE".

El Señor murió por ti y murió por mí en la cruz del Calvario. Y la sangre que derramó nos liberó de toda atadura, bien sea costumbre, leyenda, rito o tradición religiosa.

PROTEGE TUS SUEÑOS

Capítulo 5

PROTEGE TUS SUEÑOS

Yo no sé si alguna vez te han caracterizado como soñador. Este es un concepto que, como la palabra "diplomático," tiene un significado muy diferente cuando se utiliza como "sujeto" a cuando se usa como un "adjetivo". Puede ser un halago o una descripción bastante despectiva.

Es muy diferente la connotación en decir, "Fulano es tremendo diplomático" a decir "Que diplomático es Fulano." Con el tema del soñador es igual.

Yo de muchacho fácilmente me enojaba si alguien se refería a mí como un soñador. En parte porque era joven y sabía que no tenía ni la experiencia, ni conocimiento para palanquear mi autoestima. El que me caracterizaran como soñador, para mí era como si me dijeran que yo no sabía dónde estaba parado.

En la Biblia hay un sinfín de referencias a sueños y soñadores. Es más, por todo el viejo testamento, ser soñador es sinónimo de Profeta. (Deuteronomio 13:5).

En el libro de Génesis, capitulo 20 versículo 3, Dios se le aparece a Abimelec, rey de Gerar, en un sueño. Dios le advierte a Abimelec, que tenía que devolverle Sara a Abraham, pues Sara no es la hermana sino la esposa de Abraham; y, sería un pecado mortal quitarle a un hombre su esposa.

El libro de Génesis, también describe en detalle los sueños de José en los capítulos 37-50. Sin duda José era un soñador. Sus primeros sueños por poco lo llevan a la muerte en manos de su propia sangre. Su segundo grupo de sueños lo sacan de la cárcel; y, su tercer grupo de sueños lo convierten en el hombre más poderoso de Egipto, después del Faraón.

En primera de Reyes, capítulo 3, versículo 5, Dios se le aparece al Rey Salomón en un sueño. En el sueño Dios le dijo a Salomón "Pide lo que quieras y yo te lo daré". Al despertar, Salomón recordando el sueño, le pide solo sabiduría al Señor.

Entre los más conocidos sueños en la Biblia se encuentra la narración de cuando el ángel Gabriel se le aparece a José en un sueño y le dice "Hijo de David, no temas recibir a María tu mujer, que en ella es engendrado, del Espíritu Santo".

En Mateo 2:13 vemos cómo de nuevo se le aparece un ángel a José en un sueño. El ángel le urge a José que se lleve a su familia para Egipto para escapar de Herodes. Después de la muerte de Herodes, por tercera vez se le aparece un ángel del Señor a José en un sueño. En esta ocasión el ángel le dice a José que tenía la luz verde para regresar a Israel.

La Real Academia Española define soñar como "discurrir fantásticamente y dar por cierto lo que no es". Esta definición es bastante cercana a la definición bíblica de la fe, "La certeza de lo que se espera, la convicción de lo que no se ve".

A continuación la Academia define a un soñador como alguien que tiene la capacidad de ir más allá de lo evidente en la interpretación de la realidad, alguien que tiene una enorme capacidad de imaginación y creatividad.

El soñador es una persona que tiende a ser positiva en actitud. La actitud del soñador contrasta en gran manera con la actitud de una persona pesimista.

El basquetbolista Michael Jordan, de joven soñaba en ser un basquetbolista famoso, aún cuando sus maestros y sus entrenadores le decían que él no tenía la estatura necesaria para jugar a nivel profesional.

En un deporte donde los únicos negros eran los "caddys", desde los 8 años, Tiger Woods soñaba con ser un gran golfista.

Albert Einstein tuvo un sueño de una cascada de agua y rayos de luz donde le vino a su mente el concepto de la velocidad de la luz y de allí desarrollo la teoría de la relatividad. Al igual le sucedió a Thomas Edison, quien soñó que algún día alumbraría con electricidad. Los hermanos Wright viendo un pájaro volar, soñaron que el hombre un día lo haría también.

En el año 1957 los rusos lanzaron el primer SPUTNIK al espacio. En un discurso histórico 4 años después, John F. Kennedy anunció al Congreso de los EEUU que había tenido un sueño, que algún día los EEUU enviaría un hombre a la luna. Dicho sueño culminó con el proyecto Apollo.

Dos años después del discurso de Kennedy, en agosto 28 de 1963, el reverendo Martin Luther King, pronunció su famoso discurso frente al Lincoln Memorial, "Yo tengo un sueño de que un día esta nación se levante y viva el verdadero significado de su credo: sostenemos que estas verdades son evidentes por si mismas, que todos los hombres fueron creados iguales".

Esto no está en la Biblia, pero en mi opinión una persona de fe y un soñador son bastantes similares. Solo los separa la inmersión en la Palabra.

El hombre o mujer de Fe y un soñador tienen dos denominaciones comunes muy importantes:

1.- Confianza en lo que no se ve.
2.- Comparten los mismos enemigos: La lógica, el razonamiento, la duda y el temor.

Yo no sé si tú alguna vez has sido criticado por otros cuando te han dicho "Oye, esas ideas no son prácticas, tú siempre estás soñando" o, peor aún, sarcásticamente te ridiculizan con un "No tienes los pies en el suelo" o "Bájate de esa nube".

¿Algunas de esas frases te suenan familiares?

Esas críticas las oye un hombre o mujer de fe, cuando declara que "Nada es imposible para el Señor" y esas mismas críticas las oye un soñador, una persona que no le pone límites a su visión. ¿Por qué es importante esto? Porque hay buenas noticias para esos soñadores que han sido objeto de burlas y críticas.

La melodía de la canción "Yesterday", una de las canciones más exitosas de los Beatles, le vino a Paul Mc McCartney en un sueño.

Hombres del cine y del entretenimiento como Walt Disney, creador de Mickey Mouse, siempre le decía a sus colegas "Si lo puedes soñar lo puedes hacer".

El cineasta de Hollywood, director de películas como Avatar y otras muchas más, Steve Spielberg, con orgullo dice "Mi oficio es soñar".

Para mí una de las cosas más difíciles creciendo en la Palabra ha sido el expresarme en alta voz. Es decir, orar y declarar con mi boca los sentimientos de mi corazón. Mi crianza como católico me acostumbró a estar callado y solo repetir ciertos versos de la eucaristía, en momentos designados. Todo era como si fuera coreografiado, nunca en libertad o libre expresión. Adicionalmente como hijo único y sin hermanos con los cuales compartir, yo mismo estaba acostumbrado al silencio.

En contraste, mi esposa Daysi, una de 3 hermanas, siempre tuvo más facilidad que yo. Para ella nunca le fue difícil orar en alta voz. Con facilidad y frecuencia, ella se paseaba por la casa declarando las promesas que son nuestras por el favor y Gracia de nuestro Señor. Para Daysi todo esto era muy natural. Yo a veces jaraneando con ella le comentaba que ella estaba acostumbrada a hablar con otros y si no había nadie, le hablaba hasta a una escoba.

A cambio yo siempre me sentía más a gusto imaginándome las cosas.

Aunque en ciertos contextos me molestaba que me catalogaran como un soñador, la realidad es que siempre he tenido facilidad para proyectar una visión. Siempre he sido un soñador.

Para mí siempre ha sido fácil aceptar un futuro no conocido o una idea poco tangible. Desarrollar un concepto, creado puramente de la imaginación, sin patrón que seguir, para mí no ha sido un reto, sino una Bendición.

Si tú te ves como un soñador, igual que yo, o en tu mundo ya sea por romanticismo o por tu fe, te has visto caracterizado como un soñador, las buenas noticias es que no estás solo.

Si a veces te sientes que has sido denigrado por tus colegas, familiares y hasta por un ser muy querido como tu esposo o esposa cuando te dicen "Oye, estás en la luna de Valencia". Si ellos te ven como un fanático, si te ven como un árbol mal sembrado; y, critican tus preceptos y creencias al punto que eres el foco de burla, las buenas noticias es que tienes todas las cualidades y condiciones para desarrollar y evolucionar como un hombre o mujer de fe.

La única barrera que tiene que romper el "Soñador", es oír la Palabra, escudriñarla y meditar en ella.

Miguel de Cervantes crea el soñador más famoso de la literatura española, "Don Quijote de la Mancha"; y, su acompañante, Sancho

Panza era el antagonista de sueños. Él era el pesimista. Sancho Panza siempre veía el vaso de agua medio vacío, no medio lleno.

¿Cuántos Sancho Panza, tienes en tu vida? ¿Cuántos "matadores de sueños" te rodean? ¿Cuantos viven bajo tu propio techo?

Cuando tú le hablas del Señor a tus colegas en el trabajo, ¿Cuántos te interrumpen y proceden a tratar de disminuirte como a Pulgarcito? A continuación, de frente o detrás de ti, se burlan.

En Mateo 27:27-29, después de su último juicio, los soldados romanos llevan a Jesús al pretorio donde lo desnudan. Los soldados se burlan de Él. Proceden a coronarlo con espinas, y, le dicen a Jesús, "Sálvate, Rey de los Judíos".

La peor crítica siempre es la indirecta. El sarcasmo es la crítica más dañina. Imagínate que estés compartiendo con un amigo las enseñanzas de Jesús, tu amigo se vira hacia ti y te dice, "Chico la verdad es que tú eres un genio, seguramente también crees en Mickey Mouse y Donald Duck".

El sarcasmo siempre es una crítica indirecta. Es disfrazada con verdades pero con toda intención de herir. Sarcasmo viene de la palabra que en latín significa "Cortar o morder un pedazo de carne" y en esos tiempos en cuanto a carne, se refería a los labios de las personas.

En otras palabras, el objetivo del sarcasmo es silenciarte y enterrar tus sueños. El sarcasmo es una herramienta para enterrar tu mensaje.

Las herramientas que matan sueños, son las mismas que usa satanás en el mundo para desactivar tu fe.

En Mateo14:22-30, después de haber dado de comer a más de 5000 hombres y mujeres, con 5 panes y 2 peces, Jesús manda a que los discípulos crucen al otro lado, mientras que Jesús se despide de las multitudes. Obedientes a la instrucción de Jesús, los discípulos se van a medio mar cuando se levanta una tormenta. El barco está siendo azotado por las olas. Y, de pronto se les aparece Jesús andando por el mar.

Al principio los discípulos pensaron que era un fantasma y se aterrorizaron aún más. Pero Jesús les dice "Tengan ánimo, no teman, soy Yo".

Pedro, que siempre se hacía "el mas de todo", le dice a Jesús, pues todavía no estaba 100% seguro de que era Jesús el que caminaba sobre las aguas, "Señor, si eres tú, manda que yo vaya a ti sobre las aguas".

Jesús le dijo a Pedro "Ven" y Pedro se bajó de la barca y comenzó a caminar sobre el mar igual que Jesús. Pero de pronto Pedro desvió su vista y en vez de mantenerla en el Señor, sus ojos se enfocaron en las crecientes olas y los vientos. Pedro se concentró en las olas y no en el "Ven".

Al concentrarse en las circunstancias y lo que veía alrededor de él, el temor y duda debilitó su fe y se hundió.

El apoyo en las circunstancias debilitó la fe de Pedro. La duda, el temor y la incredulidad, que anulan la fe, también matan tu habilidad de soñar y creer en lo que no se ve.

Hay varias teorías de por qué Jesús le dice al hombre que acaba de sanar con lepra que no se lo dijera a nadie. Una teoría o versión es que era para controlar las multitudes, pues si no, a Jesús no le darían ni una hora de descanso. Pero Jesús tenía una energía y estamina sobrenatural, hecho que da más validez a la otra versión o teoría. Esa teoría era que Jesús sabía que si un recién curado, bien fuera leproso, ciego o paralítico, se rodeaba de personas incrédulas, la duda podía anular el proceso de sanamiento. Las curas no eran siempre inmediatas, las curas llevaban su tiempo en muchos casos, particularmente la lepra.

La duda y la incredulidad podían contrarrestar el poder de sanamiento que está en la fe activadora.

Si tú te dejas influenciar por las circunstancias que te rodean, como le pasó a Pedro cruzando el mar de Galilea; si te dejas influenciar por lo que ves o por lo que oyes en el mundo, se debilita tu fe. Ambas te roban las promesas del Señor; y, ambas son matadoras de tus sueños.

Nunca dejes de soñar, pues soñar es como arar la tierra. Soñar prepara tu mente para tu visión del día de mañana. Pero también tienes que saber con quién puedes compartir tus sueños, y con quién no.

No todo el mundo quiere o está preparado para oír tus sueños. De lo contrario, tienes que tener el coraje de superar las consecuencias de compartir tus sueños con aquellos que no quieren oírlos.

En 1961, cuando J.F. Kennedy pronunció su discurso del "Estado de la Nación" frente al Congreso, no hubo aplausos ni ovaciones de pie después de compartir su sueño de poner a un hombre en la luna. Es más, hubo un silencio que se podía oír al caer un alfiler al suelo.

Posteriormente al discurso, Kennedy fue objeto de críticas y burlas por ambos partidos políticos. Su sueño cambió el mundo, pero durante su abreviada vida, ese sueño en el 1961 solo le trajo ridículo.

Al igual que Kennedy, el discurso de Martin Luther King, "Yo tengo un sueño" cambió a una nación pero también 5 años después le costó la vida.

A veces las personas más cercanas a ti y las que más tú quieres tienen la mayor dificultad de aceptar tus sueños. No solo rechazan tu mensaje, sino que tienen la mayor posibilidad de convertirse en tus más ardientes críticos.

Deja que ese niño que todos tenemos dentro de nosotros prepare tu mente y tu corazón para recibir la Palabra. Recibe la Palabra sin obstáculo ni limitaciones. Todas las promesas del Señor son tuyas, pero solo tú puedes activarlas con tu fe. Solo tú puedes convertir tus sueños en realidad.

NO DEJES DE COMPARTIR TU HISTORIA

Capítulo 6

NO DEJES DE COMPARTIR
TU HISTORIA

Todos tenemos expectativas no solo en lo personal, sino también en el sentido colectivo. Una expectativa personal hacia un tercero o de un tercero hacia ti siempre se basa en un punto de vista particular de la persona.

Un esposo o una esposa tienen expectativas el uno del otro, lo mismo ocurre entre socios en una compañía.

Aunque todos tenemos expectativas, a veces no estamos conscientes de ellas. Algunas veces reprimimos nuestras expectativas. En otros casos simplemente no articulamos nuestras expectativas como es debido. En efecto no las compartimos.

En un negocio, cuando dos o más partes entran en un contrato, lo primero que hacen las partes es preparar un listado de las responsabilidades y obligaciones de cada parte, así como de las expectativas de remuneración y beneficios. Cuando tú entras en un pacto con alguien, lo más básico es establecer y averiguar las expectativas que tienen las partes.

Cuando estás en duda o tienes temor en tu corazón es muy difícil compartir tus expectativas. Si te sientes confuso y sin claridad, es casi imposible tomar autoridad y establecer cuáles son tus bases.

En mi caso personal, en cuanto a mis hijos, yo tengo 3 expectativas:

1.- Que me amen como yo los amo. En otras palabras que haya reciprocidad de cariño y amor.

2.- Que sean agradecidos por todo lo que sus padres han hecho por ellos, dándoles no solo en abundancia, sino a veces hasta en exceso. Que muestren ese agradecimiento en acción, conduciendo sus vidas y la de sus hijos, siguiendo los ejemplos, enseñanzas y consejos que les hemos dado.

3.- Obediencia. La obediencia conlleva una representación de respeto, fidelidad y el fiel seguimiento de autoridad.

La Biblia contiene 613 mandamientos en el Viejo Testamento, no 10 como nos enseñaban en catecismo. Pero solo uno de los mandamientos tiene una promesa asociada con ese mandamiento. En Éxodo, capítulo 20, versículo 12, dice la Palabra, "Honra a tu Padre y a tu Madre, para que tus días se alarguen en la tierra que Jehová tu Dios te da".

En otras palabras el pacto es, honra a tus padres y disfrutarás de larga vida. No hay que ser un genio para entender que sin honrar a tus padres con tus decisiones, eliminas la cobertura de protección sobre ti.

También es importante resaltar que el versículo bíblico no dice honra a tus padres si han sido buenos contigo o si son padres modelos. No es un pacto condicional. La expectativa en el pacto es que honres incondicionalmente.

Nuestro señor tiene las mismas expectativas de nosotros. Mientras más te metes en la Palabra, mientras más conoces del Señor, mayor serán las expectativas para ti.

Estoy seguro que te has encontrado en disyuntivas donde tienes que escoger entre unas expectativas de un lado y unas expectativas de otro lado. Has tenido que escoger entre unas expectativas en un lado y expectativas de otro lado.

Las expectativas de tu esposa van a ser diferentes de las expectativas de tu suegra. El Señor nos da libre albedrio y sabiduría para saber cómo escoger y cómo maniobrar entre expectativas que pueden estar en conflicto.

En el libro de Juan, vemos la historia de un muchacho que había nacido ciego, un muchacho que nunca había visto la luz del día. La vida de este muchacho giraba alrededor de sus padres y la sinagoga.

Para los padres del ciego las expectativas de los Fariseos y el Sanedrín era lo máximo. El no ser aceptado o el temor de ser expulsado era peor y más severo que cuando un padre expulsa a un hijo de su casa.

Era un sábado, día de reposo y Jesús pasaba con sus discípulos, cuando sus pasos se cruzan con los del ciego, que se encontraba sentado cerca de la puerta principal de la sinagoga. El ciego se hallaba allí mendigando, pidiendo limosnas.

Antes de sanar, Jesús siempre enseñaba y predicaba. Los discípulos, al ver al muchacho ciego de nacimiento, le preguntan a Jesús si la ceguera del muchacho era causa de un pecado de los padres o pecado del muchacho.

Siempre existe la pregunta, cuando unos padres enfrentan su realidad, al nacerles un hijo o hija con una discapacidad. Se miran dentro de ellos buscando la razón de la condición de su hijo. A veces los padres hasta pueden sentir un grado de culpabilidad. Se cuestionan, ¿Qué es lo que hicieron mal? ¿En qué pecaron?

Cualquier padre con un hijo o hija con un defecto o discapacidad, se hace estas preguntas.

Al oír la pregunta de los discípulos, Jesús se vira a ellos y les dice:

"La ceguera del muchacho no es pecado ni del muchacho ni de los padres" Jesús procede a explicarles que lo que le sucedió al muchacho fue para que la obra de Dios se pudiera reflejar en la vida del muchacho.

En otros pasajes de la Biblia, aparece Jesús sanando a ciegos, típicamente poniéndole las manos sobre los ojos del ciego. Jesús procedía con sus manos sobre el ciego, a soplarle sobre los ojos o a veces le escupía los ojos para sanarlos. En esos tiempos la saliva se veía como agua medicinal.

Pero este muchacho fue el único ciego de nacimiento. Jesús se le acerca al ciego y procede a escupir en la tierra, convierte el lodo mojado de su saliva en un fango y a continuación, toma el fango en sus manos y se lo pone en los ojos al muchacho.

El simbolismo del fango es el regreso al comienzo de su formación. Como un escultor que toma barro para comenzar una escultura. En Génesis 3:19 dicen las escrituras "Pues polvo eres y al polvo volverás"

En aquellos tiempos, al igual que hoy, el escupir no se veía muy bien. Para algunos era un insulto que lo escupieran. Para otros es uno de los gestos más bajos que una persona pueda hacer con otra. Yo tengo recuerdos de un amigo que, el pobre, no podía evitar escupir cuando se entusiasmaba hablando. Yo siempre me paraba a distancia de él cuándo hablaba.

Hay 3 casos en la Biblia donde Jesús sana con su saliva. Aparte del muchacho ciego de nacimiento, Jesús sana a otro ciego y a un sordo con su saliva. Una interpretación de esto era que la saliva era un símbolo de bautismo, sanamiento y limpieza. Al igual que la sangre del Cordero nos limpió de todo pecado, la saliva de Jesús era un símbolo de purificación.

El viejo testamento era un reflejo de lo que venía después. En Números 5:17, vemos como un sacerdote hebreo cura de celos a una mujer. El sacerdote toma agua santa y la mezcla con el polvo que se encontraba en el suelo del Tabernáculo.

Imagínate al muchacho ciego por un momento. Suerte que estaba ciego y no vio lo que estaba pasando en frente de él. Tú no te hubieras influenciado por las circunstancias. ¿Si ves que un hombre que tú no conoces, te va a poner fango hecho con su saliva en tu cara y ojos, te dejarías? Una persona que no conoces escupe en la tierra y procede a ponerte fango en la cara. ¿Estarías aterrorizado, verdad?

El muchacho ciego, sin conocer, se entregó y fue obediente. El ciego no veía, pero sí oía. La fe viene por el oír, no por el ver.

El ciego siente que Jesús le pone algo sobre los ojos, y Jesús le dice al muchacho, "Ve y lávate en el estanque de Siloé." El ciego en vez de ir al estanque de la esquina, al que estaba más cerca de la sinagoga, obedece a Jesús y se lava la cara y los ojos en el estanque de Siloé, que en arameo quería decir "el enviado". Al lavarse en el estanque de Siloé, obedeciendo a Jesús, el muchacho por vez primera ve la luz del día.

La incredulidad en esa aldea era tan grande que los vecinos del muchacho ciego no podían creer que era él, cuando ven al muchacho feliz disfrutando de su vista. Los vecinos tampoco creían su historia de lo que había pasado. Otros pensaban que era otro muchacho, y no el ciego que ellos conocían de niño.

Se había formado tanta habladuría por toda la aldea que los vecinos llevan al muchacho a la sinagoga a presentarlo frente a los fariseos. Los fariseos proceden a cuestionar al muchacho. En sí fue más como una interrogación. El muchacho con mucha humildad, relata todo lo que había pasado. Le explica que un hombre llamado Jesús le había untado lodo en los ojos y después de lavarse, vio.

Los fariseos, no satisfechos con la historia del muchacho, proceden a interrogarlo una segunda vez. Le preguntan al muchacho su opinión sobre este hombre, Jesús que un sábado día de reposo no respeta el descanso. El muchacho les responde a los fariseos, que el hombre que le había dado su vista es un Profeta.

Esto no era lo que los fariseos querían oír. La expectativa de los fariseos es que un hombre que no respeta el SABBATH, el día de descanso, no es un hombre de Dios. Para los fariseos y el Sanedrín, un hombre que no respeta el día de reposo es un pecador. Esa era la expectativa que tenían los fariseos; y, esa era la conclusión que querían oír del muchacho que había sido ciego desde nacimiento.

La Juventud típicamente no es Políticamente Correcta. Viendo que no avanzaban con el muchacho los fariseos, mandan a buscar a los padres del muchacho. Los padres sabían que si confirmaban lo que había dicho su hijo, ellos y el muchacho serían expulsados de la sinagoga. Al ser cuestionados por los fariseos los padres solo se atreven a confirmar que ese sí era su hijo. También confirman que era ciego de nacimiento, pero que ahora veía.

Los fariseos continuaban insistiendo y presionando a los padres con preguntas de "cómo, cuándo y quién lo sanó"

Ya no pudiendo más los padres, les dicen a los fariseos que el hijo de ellos es mayor de edad y que puede hablar por él mismo: "Pregúntenle ustedes a él directamente"

Los fariseos traen al muchacho una vez más, ahora por tercera vez. De nuevo interrogan al muchacho como si fuera un delincuente, con la expectativa de que se agote, se rinda y acabe de confesar que ese hombre que lo sanó, no respetó el SABBATH y consecuentemente es un pecador.

En la balanza estaban, de un lado, el permanecer siendo parte de la sinagoga y ser aceptado por sus vecinos y del otro lado estaba la verdad.

Se sabe que Jesús se encuentra al muchacho ciego en camino a la sinagoga con los discípulos. En la religión hebrea, la costumbre era que los mendigos se posicionaban alrededor de la puerta principal del Templo, llamada la Puerta Hermosa, pues por ahí pasaba toda la jerarquía hebrea.

El objetivo de los mendigos era acudir al espíritu de caridad de los donantes al entrar en la sinagoga. El muchacho ciego y sus padres vivían en parte de estas limosnas que recibía el muchacho postrado en la Puerta Hermosa. Así que la sinagoga no solo era el centro espiritual y comunitario para el ciego y sus padres, sino también una fuente de ingresos. Ellos dependían de la sinagoga para subsistir.

El muchacho, como joven al fin, sin temor, tomó autoridad y procedió a decirles a los fariseos que él no podía juzgar si Jesús era un pecador o no, pero lo que si podía confirmar es que él era ciego y ahora veía.

El muchacho con vigor y confianza en su corazón, se dirige de nuevo a los fariseos y les dice: "Dios no escucha a los pecadores, pero sí escucha a los piadosos y a quienes hacen su voluntad. Nadie ha curado a un hombre nacido ciego, si Él no fuera de Dios, nada hubiera hecho". El ciego no pensó esto, lo dijo con su boca en frente de todos. Indignados por lo que acababan de oír, los fariseos proceden a expulsar al muchacho de la sinagoga, pero al muchacho nada de esto le importaba. Sabiendo que sería expulsado de la sinagoga, escogió la verdad y el ser liberado.

Cuando Jesús se entera de que los fariseos han expulsado al muchacho de la sinagoga, busca al muchacho y se encuentra con él. Jesús le dice al muchacho "¿Crees en el Hijo del Hombre? Es el que te habla". El muchacho le contesta a Jesús, "Lo creo, Señor".

Por más de 45 años yo venía haciendo las cosas a mi manera. Creía a mi manera y con pocos resultados. Yo me veía como un "plantado", R.C.A, Romano, Católico y Apostólico. Estaba acostumbrado a favorecer y adoptar todas las costumbres y tradiciones de mis padres, sin cuestionar o dudar. No me había liberado.

Una de mis cosas, y parte de mi rutina ya por más de 4 décadas, era la costumbre de ir al gimnasio 3 o 4 veces a la semana. El gimnasio para mí siempre ha sido una de mis terapias. En sí una forma de escape y tiempo personal. Pero todo en el gimnasio siempre lo hacía a mi manera. De acuerdo a mi razonamiento y manera de pensar lo hacía de esta u otra manera, con cuantas repeticiones me pareciera a mí que tenía sentido, y que me daría mi mejor resultado.

Durante muchos años yo me había autoconvencido que mientras más repeticiones hiciera de cada ejercicio, mejor resultado tendría en cuanto a fuerza, definición y aguante.

Un buen día estaba en el gimnasio cuando pasa una señora, a la que yo siempre cariñosamente la catalogaba en mi mente como la "viejita".

Ella miró lo que yo estaba haciendo y cómo lo estaba haciendo, y procedió con mucha diplomacia a dejarme saber que lo estaba haciendo todo mal y si no extendía y contraía los movimientos al máximo, no importaría el número de repeticiones, no obtendría resultados.

Yo me quedé sin palabras al oír el diagnóstico de la "viejita".

Me quedé pensando en el coraje que tenía que tener ella para acercarse a mí y sin ser invitada, compartir sus opiniones conmigo.

Pero la "viejita" con gran sentido de autoridad, me dejo saber que no era la cantidad sino la calidad y forma del movimiento de ejercicio; y sin pensarlo dos veces me dijo que si continuaba por el camino que recorría por más de 40 años, solo me estaba engañando a mí mismo.

Inicialmente, pensaba qué falta de respeto la de esta "viejita" de venir a enseñarme algo a mí, que me pasaba la vida en el gimnasio. Y esto no fue muy diferente de la lección que el muchacho ciego les había dado a los fariseos.

Yo heredé un gran sentido de caballerosidad de mi padre, y aunque con poco ánimo, le di las gracias a la "viejita" y cuando estaba ella fuera de vista, pues de inmediato no le quería dar la razón, procedí a hacer todo lo que me había dicho al pie de la letra. Sin duda la "viejita" estaba correcta y tenía la verdad en sus manos.

Dios podía haber mandado a un amigo mío o a un entrenador para que me diera el mismo consejo. Pero no, Dios envió a una mujer, mayor que yo a que me diera la lección. El Señor quería saber qué tenía yo en mi corazón.

La "viejita" acababa de compartir su historia conmigo. Y lo hizo a gran riesgo, pues en ese gimnasio el nivel de testosterona esta por el cielo. Típicamente, siempre es el hombre, supermacho, el que da las instrucciones y no a la inversa.

En resumidas cuentas, por más de 40 años yo estaba suscrito a una rutina. Por todo este tiempo lo venía haciendo mal. Me había acostumbrado a un patrón que aunque me entretenía, nunca me llevaría a satisfacer mi expectativa de salud y condición física.

Jerusalén es una ciudad amurallada. Todas las puertas para entrar o penetrar la muralla tienen gran significado histórico; y en algunos casos bíblicos también. Cerca de una de las puertas, la Puerta de las Ovejas había un estanque llamado Bethesda.

El estanque de Bethesda era como una piscina donde se bañaban los hombres hebreos. Alrededor de ese estanque se encontraban 5 pórticos con sombra, lo cual era ideal para descanso y protección del sol.

Estos pórticos eran el sitio favorito de todo tipo de enfermo, ciego y paralítico. Había una leyenda de que esas Aguas eran medicinales y que cuando bajaba un ángel y revolvía las aguas, los que estuvieran en el estanque en ese momento se sanaban.

Había un hombre enfermo que llevaba 38 años esperando poder entrar en el estanque. El enfermo era paralítico y su discapacidad se había convertido en una barrera difícil de superar. Cada vez que el agua se agitaba, el tumulto se tiraba al estanque, pero el enfermo, discapacitado siempre llegaba tarde cuando ya no había cupo.

El paralítico tenía la esperanza de que algún día lo lograría. Llevaba 38 años esperando el momento oportuno. Tenía la expectativa de sanidad, pero sin entender que la sanidad es por Gracia no por obra.

Era un sábado cuando Jesús llega a la Puerta de las Ovejas y se acerca al estanque de Bethesda. Caminando por los pórticos al lado del estanque, se encuentra a un hombre acostado en un lecho.

Jesús le pregunta al hombre qué hacía ahí y el paralítico procede a contarle a Jesús su historia y lamento de estar esperando 38 años por su sanidad.

El paralítico había puesto toda su esperanza en una leyenda. Es más, se había convencido de que su solución estaba en las aguas.

Jesús después de escuchar la historia del paralitico, le pregunta: ¿Tú quieres ser sanado?

El paralitico en vez de contestarle a Jesús la pregunta de que si quiere ser sanado, le responde que no tiene a nadie que lo ayude a entrar en el estanque. Su respuesta estaba enmarcada en su cuadro patético de estar 38 años esperando para entrar en el estanque bajo la esperanza de que la sanidad se encuentra en el estanque.

Analizando la respuesta del paralítico a Jesús, realizamos que la expectativa del paralítico no era la sanidad, sino tener a alguien que lo ayudara a meterse en el agua. Pero el Señor es misericordioso, y a continuación Jesús procede a instruir al enfermo a que se levante, tome su colcha con él y se vaya para su casa.

Al ver estos acontecimientos, los fariseos y saduceos se enojan con Jesús, pues no solo ha estado de nuevo sanando el sábado, día de reposo, sino que también puso al paralítico a trabajar, cargando su propio lecho.

El Sabbath era un día de reposo, un concepto que Jesús repetidamente rechazó haciendo todo tipo de milagros. Pero en este día en particular, Jesús también pone al hombre a trabajar. Y qué podía ser más tangible para los fariseos que ver al enfermo, que era paralítico, cargando su propia colcha el día de reposo. Para los hebreos religiosos, en el día de reposo no se podía cargar ni una flauta de pan bajo el brazo.

En esta historia el mensaje de Jesús tenía 2 partes. La primera era la premisa de que "Si mi Padre trabaja todos los días, porque yo no también" En si el mensaje de Jesús era que "Él, Jesús, era el descanso".

La mayor parte de todos los milagros de Jesús, los llevaba a cabo durante el día de reposo de los hebreos porque Jesús quería enfatizar que había que "Descansar en Él".

Jesús hacía esto todos los sábados no solo para establecer su autoridad, pero también para demostrarla.

El paralítico por 38 años se fijó en las aguas y yo por 40 años me fijaba en las repeticiones, ambos sin reconocer que estábamos fijos en una rutina que no tenía conexión con la expectativa.

En Juan 14 la palabra dice que todo lo que le pidieras al Padre en nombre de Jesús, será concedido. No dice la Palabra, algunas cosas o no las cosas fáciles, sino todas las cosas. Pero tienes que con autoridad decirlo o declararlo con tu boca.

¿Qué esperas tú del Señor? ¿Cuál es tu expectativa del Señor? Si estás con una expectativa de un mejoramiento de tus finanzas o quieres restablecer nexos familiares o simplemente tú expectativa es sanidad, el poder lo tienes en la boca.

Esto lo vimos en el centurión gentil que va a Jesús pues tenía a su criado enfermo, postrado y muy mal de salud. El centurión le dijo a Jesús que dijera solo la Palabra y su criado se sanaría. Igual con la samaritana que por 12 años sufría de un flujo de sangre cuando le dice a Jesús "Con solo tocar tu manto seré Sanada". La medida de fe, sanó al siervo del Centurión y sanó también a la mujer samaritana.

Con tal medida de Fe puedes alcanzar cualquier expectativa que tengas, pues en el nombre de Jesús, nada es imposible si lo puedes creer.

En Proverbios 18: 21 el Señor nos enseña que el "Poder de la vida y de la muerte lo tenemos en la boca". Podemos cumplir todas nuestras expectativas tomando autoridad con la Fe de Dios, al igual que el centurión y la mujer samaritana.

El Señor también tiene una expectativa de ti y una de mí. No estamos acá por casualidad. Tú estás aquí para que cuentes tu historia. La expectativa es que compartas con tus familiares y tus amistades, la obra que Dios ha hecho en tu vida, como la Palabra de Dios ha sido un "Game Changer" en tu vida.

EL PERDÓN

Capítulo 7

EL PERDÓN

Es muy difícil cambiar. No es fácil aceptar algo nuevo, algo que sea diferente.

En mi compañía, cuando empleamos un nuevo gerente de proyectos, una de las primeras cosas que siempre hago es compartir con ellos un librito titulado "Quién se ha llevado mi queso".

Ese libro contiene enseñanzas en forma de fábulas sobre la importancia del cambio. La importancia de uno despojarse de viejas maneras y procedimientos de cómo hacer algo al igual de cambiar la manera de razonar frente a diferentes circunstancias.

El libro enfatiza la importancia de darle la bienvenida a cambios.

Nosotros todos somos criaturas de costumbre. Muchas veces nos amarramos a la misma manera de pensar de ayer, aunque ya no sea válida o sin justificación. Nos amarramos no solo a como vemos las cosas, nos amarramos a las emociones del pasado también. El resultado es resistencia al cambio. Mi crecimiento en la Palabra tuvo que superar la resistencia de cambiar; y, no fue fácil para mí. La resistencia a cambiar la encontré en 3 áreas.

La primera fue resistencia a caminar por fe, no por vista. Aceptar que la fe es la certeza de lo que se espera la y la convicción de lo que no se ve.

Desde niño, mis padres y mis maestros en la escuela eran mis mentores. Ellos me habían inculcado la importancia del "Razonamiento" en todas mis decisiones. La importancia de 2+2 son 4. La importancia de razonamiento deductivo; y la importancia de siempre utilizar todos los sentidos.

El énfasis de mis enseñanzas de joven nunca fue el descansar en la fe de Dios, todo lo opuesto. Mi Padre, que en Paz descanse, cuando yo me equivocaba en algo de la escuela, me decía, ¿Willy, tú no tienes 2 dedos de frente? En sí el énfasis era en el ver, oír, sentir y razonar para creer.

Y todo esto he tenido que reprogramarlo, al entender que hay que caminar por fe y no por vista.

El segundo concepto o área que me fue difícil de aceptar fue la siembra y la cosecha, con respecto al bolsillo.

Es decir, el concepto del diezmo, donde uno da el 10% de sus ingresos a la obra de Dios. Yo venía de la costumbre en la iglesia católica, de que cuando pasaban la cesta en la misa lo más que se dejaba caer era un dolar, no 10, 20 o 100 dólares. Y menos aún considerar un monto como el 10% de los ingresos. Recordando esos tiempos no hay duda, que mucho pedía yo pero poco sembraba. Mi siembra siempre fue una siembra de pobres, pero esperaba una cosecha de riquezas.

La tercera área que fue muy difícil para mí superar y sigue siendo difícil es el tema del perdón. Estoy seguro de que para muchos leyendo estas palabras, el perdón y perdonar al que te ha herido o te quiere herir, es súper difícil. Pero hay que aprender a dar vuelta a la página. Es importante quitarte ese bulto que llevas sobre tus hombros como una mochila. Esa carga marchita tu corazón.

¿Tú te imaginas que en el momento de máximo dolor físico y máximo sufrimiento, vemos a Jesús, después de haber sido torturado, quebrantado por 39 latigazos, golpeado, sus manos y pies traspasados por clavos y su cráneo penetrado por espinas de más de 2 pulgadas de largo, sangrando, muriendo, y que las últimas palabras de Jesús sean de perdonar?

Antes de su último suspiro, Jesús mira hacia los soldados romanos que lo habían martillado y torturado. Se dirige a ellos y a la multitud que se había reunido al pie del Gólgota. Jesús dice: "Padre, perdónalos porque no saben lo que hacen" (Lucas 23:34).

Jesús vino al mundo a redimirnos de la Ley. Su sangre, derramada en la cruz del Calvario, nos limpió de todos nuestros pecados, de nuestras enfermedades y de todo nuestro pasado. Pero su última y más linda enseñanza es la importancia del perdón.

La verdad es que para mí esto era un concepto muy contradictorio con lo que yo creía; era tan diferente a como me había criado.

Recuerdo que en Cuba, de muchacho escuché decir: "Oye, el que da primero da dos veces". Y también "El que la hace la paga". "Ojo por ojo, diente por diente" era la conducta aceptada por todos.

Por supuesto que yo en esos tiempos, sin haber abierto una Biblia, ni idea tenía de que esos versos estaban en la Biblia. Mucho más tarde aprendí que esas palabras de venganza con las cuales yo me identificaba provenían del Viejo Testamento en Éxodo 21:24, Deuteronomio 19: 21; y, Levítico 24:20.

Jesús nos redimió de todas estas leyes. En el sermón del monte, en Mateo 5:38, Jesús le dice a sus discípulos "Habéis oído lo que fue dicho a los antiguos, ojo por ojo y diente por diente". Como diciéndoles, eso fue entonces, ahora es diferente. Y continúa Jesús en Mateo 5:39, "Pero yo os digo, no resistáis al que es malo, antes a cualquiera que te hiera en la mejilla derecha, vuélvele también la otra".

A continuación Jesús cierra su enseñanza en Mateo 5:44, cuando le dice a sus discípulos "Amad a vuestros enemigos, bendecid a los que te maldicen". El concepto de hacer bien a los que te aborrecen; y orar por aquellos que te ultrajan y te persiguen, no es el consejo del vecino de al lado. Esto es Jesús hablando, el Rey de Reyes. Adicionalmente, Jesús introduce el perdón como una importante condición para ser hijos de Dios. Aquí encontramos la promesa y la recompensa.

Nuestro Padre es Omnipotente, Él hace salir el sol sobre los malos y los buenos. Él hace llover sobre los justos y los injustos. No es fácil perdonar. Pero Jesús nos recuerda "¿Qué recompensa tendrás si solo amas a los que te aman?". Jesús nos reta a ser perfectos, como nuestro Padre que está en los cielos es perfecto.

Muchos se preguntan, pero ¿Cómo puedo querer, cómo puedo amar y cómo puedo perdonar a una persona que me ha herido, cómo puedo perdonar a una persona que me ha hecho mal? El perdón es una decisión personal. El Señor te da libre albedrio para escoger y tomar tu decisión. Igual hizo Jesús cuando en la Cruz del Calvarío perdonó al pueblo de Israel.

Jesús nos dejó saber con sus Palabras lo que Él espera de nosotros si queremos ser como Él, si queremos alcanzar la perfección. Si quieres ser de verdad hijo de Dios, no tienes opción. Esto no es de opciones múltiples. Si quieres ser hijo de Dios, el Señor requiere tù obediencia, tu amor y tu perdón. Estos 3 son inseparables.

Hablándole y enseñándole a sus discípulos, Jesús les dice "Perdona si tienes algo contra alguno", para que tu Padre que está en los cielos, los perdone a ustedes vuestras ofensas. Jesús les advierte de una importante condición cuando les dice, "Porque si vosotros no perdonáis, tampoco vuestro Padre que está en los cielos os perdonará vuestras ofensas"

Esa condición de Jesús, aquí o en cualquier lado representa un "Ultimátum" y mi decisión, no sé la tuya, pero yo quiero el perdón del Señor. Yo no arriesgaría eso por nada en el mundo.

Para el cristiano el perdón tiene 3 facetas:

Primero tú estás perdonando a la persona o personas que te han herido.

Segundo, tú le estas pidiendo perdón al Señor por tu desobediencia al llenar tu corazón con ira, odio, venganza y otros malos pensamientos.

Y tercero, cuando tú perdonas, tú te perdonas a ti mismo, te limpias y te liberas de una inmensa carga.

No hay que ser científico o matemático para comprobar que es mucho más fácil soltar una carga que levantarla. La ley de la gravedad me enseña que mientras más peso lleve sobre mí y mientras más peso lleve en mi espíritu, más lento y esclavizado soy.

Es imposible agradar a Dios si no tienes fe en tu corazón, pero sin perdón en nuestro corazón nos alejamos del Señor. Sin perdón no podemos llamarnos hijos de Dios.

Tú les puedes decir a tus familiares y colegas que eres cristiano. Tú puedes si quieres, ser selectivo en las áreas del evangelio que te gustan y no seguir las que no te gustan, pues el Señor te da libre albedrío. Pero no es que lo esté diciendo yo, la Palabra dice que para que seas hijo de Dios, tienes que amar a tus enemigos. Eso en resumen, significa decir que tienes que perdonar a tus enemigos. Y por cierto la Palabra no distingue el tamaño de los enemigos. Puede ser el vecino de la esquina o un asesino matón encarcelado. La Palabra tampoco dice que te asocies o socialices con tus enemigos. La Palabra solo dice que los perdones. El perdón y el amor son inseparables.

Pedro, que siempre estaba medio atravesado, después de haber escuchado la "Parábola de la Oveja Perdida", le pregunta a Jesús, "¿Si un hermano me ofende, me hiere y peca contra mí, cuántas veces debo de perdonar a mi hermano, 7 veces?" En Mateo 18:22, Jesús le contesta a Pedro, "No 7 veces, sino 70 veces 7". En otras palabras, siempre perdonarás, al igual que tú siempre quieres que el Señor te perdone a ti todas tus ofensas.

Yo no sé de dónde vienen los pecados veniales y los pecados mortales en el catolicismo, pero en nuestro pacto con el Señor, aquellos que hemos nacido de nuevo por su favor y gracia, el Señor nos perdonó de TODOS los pecados. El perdón no viene porque hayas rezado cuatro Ave Marías y un Padre Nuestro.

En Isaías 1:18, El Señor dice "Venid a mí y serás perdonado". En otras palabras, borrón y cuenta nueva. Dice en Isaías, "Si vuestros pecados fueren como la grana, como la nieve serán emblanquecidos; si fueren rojos como el carmesí, vendrán a ser como blanca lana". Es decir, no hay nada en tu pasado que el señor no pueda borrar de tu vida con un perdón.

Si tú amas al Señor y sientes que tienes un amor incondicional hacia Él, tienes que perdonar.

Si tú te ves como coheredero con Jesús e hijo de Dios, no tienes alternativa en cuanto al tema del perdón. Tienes que cumplir con la condición de amor y perdón pues las dos van mano en mano. Como expresa el dicho cubano, no puedes estar en misa y procesión.

Tenemos un Dios misericordioso. En Jeremías 31:34 la Palabra dice, "Al que me conozca desde el más pequeño hasta el más grande, yo le perdonare sus iniquidades y nunca me recordaré de sus pecados".

El apóstol Pablo, que era un escolar rabínico, en el Nuevo Testamento hace referencia a esta misma enseñanza, con el concepto de que el "pacto" es que conozcas al Señor y Él, te perdonara toda iniquidad.

En el Viejo Testamento solo Jehová podía perdonar los pecados. Por eso Jesús vino al mundo, para presentarnos el Reino de Dios y redimirnos de la Ley. La sangre que el derramó en la Cruz del Calvario nos limpió de todo pecado.

En Capernaum, después de sanar a un paralitico, Jesús le dice al muchacho "Ten ánimo, hijo, que tus pecados son perdonados" Los escribas y fariseos que presenciaron el milagro de la sanación del muchacho paralítico se indignaron con Jesús no solo porque era el día de descanso, sino también al escuchar las palabras de Jesús "Tus pecados son perdonados".

El lenguaje físico y las murmuraciones de blasfemia por parte de los fariseos eran tan evidentes a Jesús, que Él se vira hacia los fariseos y les dice: "¿Qué es más fácil, decir tus pecados son perdonados o levántate y anda?"

En toda su trayectoria por Galilea, Jesús tuvo 3 repetidos episodios con los escribas, fariseos y el Sanedrín, lo que selló la decisión del Concilio Hebreo para condenar a Jesús:

Primero, Jesús siempre sanaba, curaba y hacía milagros el día de descanso. Segundo, Jesús perdonaba pecados; y, tercero, Jesús no era el enemigo del imperio Romano, que buscaban los hebreos en su Mesías.

En Marcos 12:13-17 vemos como los fariseos tratan de atrapar a Jesús preguntándole públicamente si era justo pagar el impuesto imperial.

Jesús se huele la trampa y le dice a los fariseos "Tráiganme un denarius (la moneda romana) y díganme la cara de quién está inscrita en la moneda. Los fariseos le contestan a Jesús "La cara del César" y Jesús les responde y ahí está la enseñanza: "Devuélvanle al César lo que es del César y a Dios lo que es de Dios".

Al nacer de nuevo, recibiendo a Jesús en tu corazón como tu Señor, tu Dios y tu Salvador, en ese instante te conviertes de criatura de Dios a hijo de Dios. Pero adicionalmente eres justificado y recibes como co-heredero con Jesús toda su autoridad y la potestad de perdonar pecados.

Esto, escrito está en Mateo 9, versículo 8, al igual que en Marcos 2, versículo 10; y también en Lucas 5, versículos 21-24.

¿Te imaginas tener el poder de perdonar pecados y nunca usar esa facultad? ¿Y en vez de perdonar, vayas en tu vida rutinaria con una mochila, en tus hombros, llena de cargas contra otros que te hayan herido? Es fácil quitarte esas cargas, solo diciendo "Tus pecados son perdonados". Solo tienes que perdonar. No tienes que olvidar, solo perdonar.

Desde niño, en Cuba, mis padres me habían enseñado a rezar el Padre Nuestro todas las noches antes de ir a dormir. Yo no supe hasta muchos años después que el Padre Nuestro estaba en la Biblia, en el libro de Mateo, capítulo 6. El versículo 14, dice "Perdona nuestras deudas, como también nosotros hemos perdonado a nuestros deudores". Lo que yo no sabía era que el siguiente versículo, el cual no era parte de la oración Católica, establecía una importante advertencia: "Si no perdonas a otros sus ofensas, tampoco tu Padre Celestial te perdonará a ti las tuyas". Tu puedes escoger seguir o no a Jesús. Pero si tú decides que sigues a Jesús y declaras que lo tienes en tu corazón, entonces no puedes estar a medias en cuanto al perdón.

La palabra dice en Lucas 6:35 "Amen a sus enemigos, háganles el bien y denles prestado sin esperar nada a cambio. No juzguen y no se les juzgará. Perdonen y se les perdonará".

¿Tú puedes perdonar sin excepciones o siempre tienes una espinita que no te has sacado de tu corazón?

Yo recuerdo que de joven en la Universidad a finales de los años 60's, durante la guerra en Vietnam, grupos pacifistas e izquierdistas hacían manifestaciones en oposición a la guerra y la intervención norteamericana. Estas manifestaciones tanto en las calles de Gainesville como en la Plaza de las Américas, dentro del predio de la Universidad de la Florida, eran organizadas por grupos liberales y comunistas.

Recuerdo que yo formaba parte de un grupo de extrema derecha. Éramos todos jóvenes cubano-americanos. Como una pandilla callejera, nuestra meta era interrumpir estas manifestaciones, a veces violentamente agrediendo a los participantes pacifistas.

En nuestra mirilla particularmente estaban aquellos con un T-shirt con la imagen del Che-Guevara o una boina castrista. Rompíamos sus vallas y letreros con la intención de dejar saber que había una oposición a la oposición. Nosotros éramos la otra cara de la moneda. Partíamos de la opinión de que la democracia tenía un precio, el cual justificaba la intervención militar contra regímenes comunistas como el de Vietnam del Norte.

Años después de graduado, ya como adulto, participé por muchos años como director de la Fundación Cubano-Americana, una organización de cabildeo. La organización con gran influencia a nivel nacional en Washington D.C, era dirigida por Jorge Más Canosa. La Fundación tenía como su objetivo principal la derrota de la tiranía Castrista y el restablecimiento de una República Democrática en Cuba, reestablecer los derechos humanos, la libre expresión y la libre empresa en Cuba. Éstos bellos ideales viven aún en mi corazón. Pero la corriente que corría por mis venas en los años 60's y 70's, no eran solo esos lindos objetivos e ideales. Yo estaba comprometido a corregir un mal y con venganza en mi corazón, quería castigar a aquellos que tanto sufrimiento habían traído a mi familia y al pueblo de Cuba.

En mis venas había tanto odio como ideales. Tenía obsesión con castigar a los culpables y cumplir la venganza de un pueblo encadenado por la tiranía de Fidel y Raúl Castro. "El ojo por ojo, y el diente por diente" vivía en mí.

Lo que ha ocurrido en mí, no es que estoy más viejo y que con la vejez he moderado mis maneras de pensar. No es tampoco que haya tenido un cambio ideológico en mi postura geopolítica, como otros en la comunidad miamense. Mi visión de una Cuba libre y democrática, en un día cercano, es la misma visión que ayer. Pero para mí lo que ha cambiado es el camino. La meta final, de que en Cuba todo ciudadano, no solo un grupo selectivo, pueda autodenominar su destino, eligiendo libremente sus líderes y funcionarios públicos, sigue viviendo en mí.

Lo que para mí ha cambiado son las herramientas para llevar a cabo esas metas.

El fin de que en Cuba todo niño y niña sea libre y sin importar lo que piense o exprese vive en mí. La visión de un pueblo donde la empresa privada disfrute de un mercado libre, es la misma visión de ayer. Lo que en mí ha cambiado es mi decisión de no seguir a hombres, sino seguir las palabras y enseñanzas de un carpintero hebreo de Nazaret.

Para la mayoría, la doctrina de Jesús de perdonar a todos no es fácil. Muchos opinan que el perdonar es una debilidad o falta de coraje. Una mentalidad colectiva puede llevarnos a las más bajas emociones.

Cuándo Jesús regresa del Monte de los Olivos, los fariseos y los escribas de nuevo tratan de atrapar a Jesús, para mostrarle al pueblo hebreo que Jesús no seguía las leyes de ellos. Le traen a Jesús una mujer a la cual habían sorprendido en acto de adulterio. Yo recuerdo que al leer esto por primera vez pensé, qué clase de standard doble, pues nunca se resalta nada del tío que estaba con la pobre mujer.

Jesús siempre enseñaba y predicaba en el contexto de aquellas "ovejas perdidas" de los grupos en situaciones frágiles, como las mujeres, los pobres, ciegos y enfermos. Y Jesús les dice a los fariseos y los escribas "El que de vosotros esté sin pecado sea el primero en arrojar la piedra contra ella". Según el dicho popular "Si vives en casa con techo de cristal no puedes tirar piedras"

Hay un dicho, que no es cristiano pero es verdad, que dice: "El primero en perdonar es el más valiente y el primero en olvidar es el más feliz".

Es muy difícil cambiar. Pero la decisión es tuya y nunca es muy tarde.

¡Hay tantas personas que esperan a lo último! Personas que llevan un dolor toda su vida y esperan a sus últimos momentos para perdonar. No tienes que esperar a una reconciliación en tus últimas horas, llevando una carga toda tu vida.

La decisión de perdonar es tuya y es más fácil que vivir con el dolor y el peso de no perdonar a un hermano, o a un hijo, o a un padre que abandonó su familia.

Yo recuerdo que mi padre y su hermano no se hablaron por 30 años. Mi padre en Miami y su hermano en Cuba. No porque no podían, sino porque no querían. Ambos separados por una ideología que los llevaba a mucho más de las 90 millas que físicamente los separaba. ¿Te imaginas tal idiotez, de dos hermanos que no se hablen por 30 años, cada uno culpando al otro?

En Éxodo 23 dice el Señor, "Yo seré enemigo de tus enemigos, y afligiré a los que te afligen" En otras palabras el Señor dice, déjamelo a mí, descansa en mí, que yo peleo tus batallas. Si tú has tratado de cambiar en el renglón del perdón, pero no has podido; has estado cerca pero no has podido quitarte esa carga de tu corazón; si tu alma no está blanca como la nieve, medita en la Palabra y reflexiona en lo que dice en Romanos, capitulo 12 "No pagaré a nadie mal por mal. Procuraré lo bueno delante de todos. Siempre y cuando dependa de mí, estaré en paz con todos. No tomaré venganza, sino dejaré lugar a la ira de Dios, pues escrito está que mía es la venganza, yo pagaré, dice el Señor. Así que si mi enemigo tuviera hambre le diera de comer, si tuviera sed, le diera de beber. No seré vencido con lo malo, sino venceré el mal con el bien".

DAR PARA RECIBIR

Capítulo 8

DAR PARA RECIBIR

Recuerdo que la primera vez que mi esposa me llevó a Alpha & Omega, y vi a los miembros de la Iglesia con brazos alzados, hablando en lenguas, pensé dentro de mí, mi mujer me ha traído a una casa de locos.

Pero cuando el Pastor hizo un llamado para todos los que estaban diezmando ese día, es decir dando el 10% de su salario que vinieran al frente, fue en ese momento una confirmación de que definitivamente me habían traído a una casa de locos. ¡Pero qué incorrecto estaba yo!

El apóstol Pablo, seleccionado por Jesús para que fuera el auditor del Reino de Dios. Su enfoque o rol era asegurarse que las ovejas, fueran hebreas o gentiles, no se desviaran de las enseñanzas de Jesús.

Lucas, un compañero de Pablo, escribió los libros de Lucas y Hechos, sobre la importancia del día de Pentecostés y el ser investido del poder del Espíritu Santo. Lucas nos enseña sobre el poder del Espíritu Santo, cuyo poder es representado en el hablar en lenguas.

El día de Pentecostés es 50 días después de la Resurrección de Jesús. En ese día se celebra la venida del Espíritu Santo.

Había 120 de sus discípulos reunidos en el Aposento Alto, cuando vino un viento que soplaba como un estruendo; y el Espíritu Santo les vino sobre ellos. Fue como un fuego. Los discípulos empezaron a reír y a cantar, alabando al Señor, y empezaron a hablar en lenguas, otras lenguas que no eran la de ellos.

En Hechos 2:4 la Palabra dice "Y fueron todos llenos del Espíritu Santo y comenzaron a hablar en otras lenguas, según el Espíritu les daba que hablasen".

También recibimos una instrucción del Señor en Marcos 16:17 donde dice la Palabra: "Y estas señales seguirán a los que creen: en mi nombre echaran fuera demonios y hablaran nuevas lenguas".

No es fácil creer, la raíz de toda duda, incredulidad y temor es la falta de entendimiento. En Juan 6:63 escrito está que la Palabra es vida. Sin información y entendimiento de la Palabra es imposible tener revelación.

Pero para mí todo esto me fue muy difícil. Me fue difícil entender que el hablar en lenguas era lo opuesto de lo que parecía. Cuando las personas hablan en lenguas reflejan una unción del Espíritu Santo sobre ellos.

El hablar en lenguas es una comunicación directa con el Señor, sin posible interferencia de Satanás o circunstancias en el alrededor.

Yo recuerdo que en Cuba, en presencia de niños, cuando adultos querían decir algo que los niños no entendieran, empezaban a hablar con el prefijo "chi" en frente de cada silaba, algo que le llamábamos el "chi-tu", "chi-ta". Era una manera de comunicarse entre adultos sin que los niños entendieran lo que los padres o los adultos estaban diciendo. Y el hablar en lenguas es similar excepto que estás hablando con el Señor, en forma de que Satanás no pueda interferir en la conversación.

Pero a primera vista y a primer instante, sin tener conocimiento de la Palabra y sin tener entendimiento, mi primera impresión era que esto era otra prueba de lo loca que estaba esta gente hablando en lenguas. Sin embargo ni el hablar en lenguas fue tan chocante para mí como fue el diezmo.

Yo venía de una enseñanza católica donde la costumbre era poner un pesito o máximo 5 pesos en la canasta todos los domingos. Era más como una forma de limosna u obra de caridad. No se hacía como una pequeña inversión de capital en el Reino de Dios.

Es más yo de niño, a veces me escondía de mis Padres, y en vez de poner un dólar de mi "allowance" semanal ponía cualquier cambio que tuviera en el bolsillo y me quedaba con la diferencia.

Sé que este tópico es el más difícil de todos, pues si una convicción de fe es duro; y si una convicción de perdonar al que te ha herido o te quiere lastimar es súper duro, más duro aún es la convicción de comprometer a tu bolsillo al Reino de Dios.

Recuerdo que, de muchacho, yo tenía el concepto de que había una relación muy directa entre el bien espiritual y la pobreza. Yo ponía en lo más alto a aquellos que se habían comprometido con un mundo no material. En la cultura católica la pobreza y la falta de bienes materiales eran aceptadas como requisitos para espiritualidad y para ser santificado.

Muchos de los ídolos católicos eran una reflexión de esas condiciones, como San Francisco de Asís y Santa Teresa Margaret.

En la cultura cubana, quien se puede olvidar de las imágenes de San Lázaro en muletas (con su perrito callejero).

Menciono esto porque la imagen de San Lázaro, sucio, con la ropa ripiada y con un perrito callejero no era exactamente un "Fashion Statement" como Creflo A. Dollar o Billy Graham, evangelistas modernos en la TV Americana.

San Francisco de Asís regaló todas sus posesiones porque en su mente siendo pobre se veía como Cristo. Al igual que Santa Teresa, ambos son representativos de abstinencia y un compromiso con la pobreza.

De manera que yo de muchacho estaba confundido pues veía a esas personas que habían sido canonizadas por su compromiso con la pobreza.

Pero nada de eso es bíblico. Y nada pudiera estar más lejos de la verdad. El Señor no quiere que tú carezcas de bienes. Todo lo opuesto.

Esas personas que han seleccionado la pobreza y la abstinencia como estilo de vida son el resultado de una decisión no espiritual sino personal. Son decisiones sin fundamento bíblico. Lo mismo con el tema del celibato. No hay versículo en la Biblia que imponga el celibato sobre el hombre.

Yo recuerdo que nunca vi a mi tía abuela Carmen Bermello vestida en un color que no fuera el negro. Mi tía abuela nació en un área que se llama Villamoure, en las afueras de Ourense, región de Galicia en España. Carmen nació al final del siglo 19, una de 3 hermanos. Durante la guerra civil española murieron sus padres y dos de sus hermanos, el otro hermano, mi abuelo Claudio había emigrado a Cuba para evadir el servicio militar.

En esos tiempos la costumbre era que si se te moría un padre o madre había años de luto y si se te moría una hermana o hermano tenías otro tanto. Estos periodos de luto se encadenaban o se iban sumando uno al otro y cuando venías a ver te pasabas toda una vida con luto. ¡Qué atadura!

En resumidas cuentas, cuando mi tía-abuela Carmen viajó a Cuba por primera vez en el año 1957, la vi vestida de negro y hasta que Carmen murió en Miami en el año 1987, siempre vistió de negro. El hecho de que ella haya escogido abstinencia y penitencia en el vestir no tiene fundamento bíblico tampoco.

Hoy en día es muy común entre la juventud los tatuajes y "piercing"; son en parte moda y en parte cultura de los milenios. Todo esto es también una decisión muy personal y no tiene nada espiritual, aunque lo marca igual que mi tía abuela se marcaba con el luto.

Yo no sé si alguna vez has invertido en la bolsa. No sé si has comprado acciones en el NYSE o en el NASDAQ. Pero si has invertido en la bolsa de acciones, ¿Conoces cómo opera? ¿Conoces cómo funciona la bolsa y los miles de reglamentos y leyes que regulan la bolsa? ¿Entiendes los riesgos de invertir en compañías dirigidas por terceros que no conoces? ¿En términos de bienes raíces, alguna vez has hecho una inversión inmobiliaria? ¿Has comprado una casa o un condominio como un "second home" o segunda casa?

¿O has simplemente comprado un condo o casa para vivir?

En esas transacciones para sellar la transacción o cerrar el negocio hay que hacer dos cosas:

1.- Primero, hay que firmar el contrato de compra y venta, afirmando que las partes están de acuerdo.

2.- Segundo, hay que pagar un monto inicial o anticipo en forma de depósito, típicamente es entre un 5% y un 10% del monto total de la transacción. Este pago inicial o depósito es representativo de tu compromiso, y, con ese pago se sella la transacción.

En la mayor parte de las sociedades modernas, sin ese pago inicial, no hay acuerdo. Sin el depósito no hay contrato. Para pactar entre las dos partes tiene que haber un intercambio de dinero.

Una de mis alabanzas favoritas es "Dios de Pactos", la canción dice: "Dios de Pactos, que guardas tus promesas, que cumples tu palabra, que guías mi destino, por tu Gracia estoy aquí".

Ese pacto entre el Señor y nosotros, no está sellado sin el acto correspondiente de parte nuestra. La siembra en el Reino de Dios es nuestro sello y acto correspondiente.

Con la excepción de la historia de Jesús que encontramos en Mateo 22:15-22, cuando los Fariseos tratan de atrapar a Jesús en público preguntándole a Jesús si es justo pagar el impuesto imperial, la verdad es que en el Nuevo Testamento hay poco escrito sobre el tema del diezmo. En parte, la falta de mención les ha dado pólvora a algunos escolares, pastores y predicadores a postular que cuando Jesús nos redimió de la Ley, también nos redimió de pagar el diezmo, el cual era ley en el Viejo Testamento.

Pero bajo interrogación de los fariseos, cuando Jesús les pregunta que quién está en la cara de la moneda y estos responden que César, Jesús no les dice páguenle a César el impuesto imperial, sino que les dice: "Devuélvanle a César lo que es de César y devuélvanle a Dios lo que es de Dios"

Cuando tú devuelves algo, es porque ese algo no era tuyo. Nunca había sido tuyo. Esa persona a quien se lo devuelves, te lo había dado prestado.

¿Qué cosa es el diezmo? Pues el diezmo representa el 10% de tus ganancias o de tu salario. Si eres un campesino, el diezmo representa el 10% de tu cosecha; y si eres un pescador, representa el 10% de tu pesca. El diezmo también tiene la connotación de Primicias o Primeros frutos. En otras palabras el diezmo no representa las sobras o desperdicios.

El concepto de diezmo comienza en los orígenes. En Génesis 14:20 vemos que a Abraham le habían avisado de que la armada del Rey de Elam había secuestrado a Lot, el hijo de su hermano y con solo 318 hombres, Abraham derrota la armada de Elam y salva a Lot.

En Génesis 14:20 dice la palabra: "Bendito sea el Dios Altísimo, que entregó en tus manos a tus enemigos. Entonces Abraham le dio el diezmo de todo".

El separar la primera cosecha y dar el 10% o diezmo, igual que hizo Abraham va más allá de ser un gesto simbólico. "Yo doy esto no porque tengo que darlo, sino que lo doy con gozo pues es un pacto de fe y honor, porque yo sé que mis provisiones, mis cosechas y mis victorias vienen del Señor"

En el Viejo Testamento vemos en Levítico, Deuteronomio y Números, cómo el concepto del diezmo se formaliza. Vemos en estos 3 libros como se legaliza el diezmo como una forma de subsidio a la tribu de los Levitas, una de las 12 tribus. En vez de recibir tierras para criar animales, arar y cosechar la tierra, en contraste con las 11 otras tribus, a los Levitas se les asigna la responsabilidad de mantener el Tabernáculo y proveer el apoyo y liderazgo espiritual para las otras 11 tribus. A cambio de esto los Levitas reciben el 10% de las 11 tribus, y de esa forma no solo pueden sostenerse sino también mantienen el Tabernáculo.

En Levítico 27:30 dice la Palabra, "Y el diezmo de la tierra, así de la simiente de la tierra como del fruto de los árboles, de Jehová es, es cosa dedicada a Jehová". Por eso, cuando Jesús les dice a los Fariseos: "Devuélvele a Dios lo que es de Dios" se refiere a todo, lo que es de Jehová, pues todo es todo. Todo lo creado por Él, viene de Él.

Es importante entender que el diezmo no solo es una inversión monetaria del 10% o una inversión de cosechas.

Aquí en la Tierra, en el Reino de Dios, el diezmo también tiene una connotación del diezmo de tu tiempo.

El mismo concepto de tiempos antiguos, de que el diezmo se refiere a las primeras cosechas, también se refiere a tus primeros momentos cada mañana; es decir, que esos primeros momentos de cada día se los dediques al Señor en alabanzas, oración y meditación. En vez de dedicárselo a Good Morning America, CNN o Fox, esos primeros 48 minutos de cada día, dáselos a Él.

En su segunda carta a los Corintios, Pablo nos recuerda la importancia de la ley de la siembra y cosecha "El que siembra en abundancia, en abundancia cosechará".

¿Tú alguna vez has empezado un negocio o has empezado una compañía, sin una inversión de capital? o ¿Sin un capital de sudor? A ti todo te cae del cielo o tienes que tener "Skin in the Game" en otras palabras una participación activa en el negocio o nueva empresa. ¿Qué es lo principal que espera todo inversionista, sino un retorno de su inversión?

El Señor es el máximo inversionista, habiendo dado a su único hijo como su semilla y siembra, nosotros somos la cosecha del Señor. Pero el Señor espera que nosotros seamos los promotores de su Reino, llevando el evangelio a las 4 esquinas del mundo. El retorno en esa inversión es la expansión en el conocimiento de la Palabra.

En I de Corintios 3:7, Pablo nos recuerda que "el crecimiento lo ha dado Dios", así que ni el que planta algo, ni el que riega, sino Dios, que da el crecimiento y multiplicación.

En Gálatas 6:7 encontramos el dicho que toda abuelita cubana recitaba "No se engañen, de Dios nadie se burla, que cada uno cosecha lo que siembra."

Proverbios es el libro de sabiduría y vemos como el Rey Salomón en vez de pedir riquezas, larga vida o venganza de sus enemigos, pidió la sabiduría del Señor. En el tercer capítulo de Proverbios, versículos 9-10 la Palabra dice "Honra a Jehová con tus bienes, y con las primicias de todos tus frutos y serán llenos tus graneros con abundancia y tus presas rebosaran de vino".

El diezmo tiene un simple propósito: expandir el Reino de Dios.

¿Cuál es el propósito de un accionista y director de IBM, Apple, GM, Microsoft o Google? Todos comparten un denominador común, el crecimiento o valorización de sus acciones en la bolsa.

La misma lógica aplica al Reino de Dios. Si has recibido a Jesús como tu Señor y Salvador tú y yo somos accionistas del Reino de Dios.

¿Pero a dónde van los diezmos?

Los diezmos no solo mantienen tu Iglesia, sino que también es un subsidio a los diferentes ministerios de tu Iglesia. Tu Iglesia es donde tú recibes la Palabra de Dios, donde te nutres en conocimiento del Reino de Dios.

Los diezmos también van a mantener a los pastores, ministros, líderes espirituales y obreros de tu iglesia, al igual que cualquier esfuerzo para promover el Evangelio de Jesús, llevándolo más allá de donde está hoy. Hoy en día vemos esto en la red cibernética y medios sociales como Facebook y Tweeter, al igual que en canales de televisión, cable y emisoras de radio.

No hay diferencia. Igual que tú inviertes en tu hogar en su mantenimiento y decoración. Igual que tú inviertes en tu salud y tu físico yendo al Spa o al gimnasio, también es igual en el Reino de Dios.

Si estás de verdad comprometido con el Señor, si cuando declaras que amas al Señor tus palabras son sinceras y no pura decoración, entonces tienes que invertir en el Reino de Dios igual que haces con tu hogar o con tu persona. El Señor te recompensará en medida proporcional a tu inversión. El crecimiento, la multiplicación y la sobreabundancia, siempre vienen de Él.

La segunda referencia de Jesús al diezmo la encontramos en el libro de Mateo, capitulo 23 versículo 23, donde vemos a Jesús en una de sus palizas verbales al acusar a los escribas y fariseos de ser hipócritas porque solo diezmaban, pero se olvidaban de la fe, justicia y misericordia de Dios. Jesús les dice a los fariseos que "Es necesario el diezmar, pero sin dejar de hacer lo justo, lo misericordioso y sin abandonar la fe".

Dios ama al dador alegre, así dice la Palabra en 2 Corintios 9:7 "Da con gozo en tu corazón, nunca por tristeza y menos aún por necesidad u obligación".

Cuando tú inviertes en Apple, Microsoft o GM, no creo que lo hagas porque en lo particular piensas que estás ayudando a que la Compañía alcance sus metas para el año fiscal. Inviertes en la bolsa de valores porque tienes la esperanza de que tendrás dividendos y que tus activos se multiplicarán. Esperas que tengas rentabilidad y un buen retorno a tu inversión.

Lo mismo es con el Reino de Dios. El presidente de la junta, es el Omnipotente y todo Poderoso que hace todo crecer. La promesa que activas con la fe es que todas las promesas son tuyas. La promesa es que tus canastas serán desbordadas con sobreabundancia. Pero todo esto es tuyo solo si lo puedes creer, y solo si siembras con obediencia y alegría en tu corazón.

Tu presupuesto anual, igual que puedes tener una partida presupuestaria como entretenimiento, hobbies y vacaciones, tiene que tener también un "line ítem" como "RDD", es decir el Reino De Dios. Esa inversión es tan importante como cambiar el año de tu carro o comprar los últimos televisores en el mercado, o ahorrar para llevar la familia a Disney World.

La siembra de nuestro Señor es que dio a su hijo primogénito, Jesús, para cambiar, justificar y glorificar nuestras vidas. Jesús por nosotros murió, para que pudiéramos vivir en eterna salvación.

¿Dónde estás tú en el Reino de Dios? ¿Qué has sembrado tú en la vida de otros?

Si tú hoy estás donde estaba yo cuando iba a las iglesias católicas de Little Flower y de St. Agustine, en la ciudad de Coral Gables, Florida, entonces estás lejos de la verdad. En esos tiempos mis ofrendas eran más como una limosna que como una inversión en el Reino de Dios.

Si tú has pensado que el concepto del diezmo es demasiado; y, desproporcional a lo que debes estar ofrendando al Reino de Dios, quiero recordarte las palabras del Señor en el libro de Malaquías 3:10 en el Viejo Testamento "Traed todos los Diezmos al alfolí (almacén) y haya alimento en mi casa; y probadme ahora en esto, dice Jehová de los ejércitos, si no os abriré las ventanas de los cielos, y derramaré sobre vosotros Bendición hasta que sobreabunde"

El Señor lo que nos dice en Malaquías es que si tienes duda, "Pruébame" y yo el Dios que sacó a José del hueco, yo el Dios que abrió el mar Rojo, y el Dios que lanzó la piedra sobre Goliat, yo el Dios que le dio de comer a 5000 hombres con solo 5 panes y 2 peces, yo te bendeciré. Pruébame, y yo abriré las ventanas de los cielos y derramaré sobre vosotros bendiciones hasta que sobreabunden.

Pruébame, dice el Señor y la promesa de multiplicación será para ti, los tuyos y tu negocio. El Señor solo dice "Pruébame".

Cuando Steve Jobs, en sus reuniones anuales con los accionistas, les prometía un futuro brillante, los accionistas respondían con llamadas de comprar más acciones. ¿Pero qué haces tú con todas las promesas que son tuyas, cuando el Señor te dice "Pruébame"? El Señor que te da crecimiento, multiplicación y sobreabundancia, ¿Tu respondes a su llamado de "Pruébame"?

¿Tú inviertes en el Reino de Dios?

Si tú estás igual que estaba yo hace 20 años, cuando creía en Dios pero todavía no lo había aceptado como mi Dios, como mi Señor y como mi Salvador personal, tienes que tomar la decisión. Yo entendía el concepto del Pacto con Dios, pero no lo había cerrado. No había sellado el pacto con mi compromiso de ser un inversionista en el Reino de Dios. Pero igual que la decisión fue mía, la misma decisión la tienes tú en tus manos. Yo decidí ser un sembrador obediente, reconociendo que sembrando fielmente, mi cosecha será de bendición para mí y mis seres queridos.

Tuya es la decisión.

UN DIOS DE ABUNDANCIA

Capítulo 9

UN DIOS DE ABUNDANCIA

En 2 Corintios 9:8, dice la Palabra "Y poderoso es Dios para hacer que abunde en vosotros toda gracia, a fin de que, teniendo siempre en todas las cosas todo lo suficiente, abundéis para toda buena obra".

En otras palabras, Dios nos bendice con abundancia en todas las cosas, no solo en algunas. Dios nos bendice no solo en aquellas cosas que pensamos que son realistas o probables. La palabra dice que Dios nos bendice en todas las cosas y en todos los tiempos satisfaciendo todas nuestras necesidades.

Yo recuerdo que para mí el llegar al exilio en 1960, fue un verdadero "shock". Al salir de Cuba con mis padres, cada uno de nosotros traía el máximo que se podía sacar en ese momento de Cuba, que era 5 dólares por persona. Volamos a Miami en un avión tipo "constelación" de la aerolínea Cubana de Aviación.

Recuerdo que nos hospedamos en el Shortcrest Hotel en Miami Beach, en Collins Avenue y la Calle 16. El hotel fue renovado y restaurado hace unos 10 años como parte de un esfuerzo de la ciudad de preservar estructuras históricas. Gracias a eso el Shortcrest Hotel todavía existe hoy.

Yo venía de un ambiente muy especial. Pudiera decir que disfruté de una niñez en Cuba de "niño rico". Nunca me faltó nada. Recuerdo que el secretario de mi padre me llevaba a la tienda El Encanto y allí escogía todo lo que se me antojara. Escogía sin límites de ningún tipo.

Al llegar al exilio en Miami, el 22 de octubre de 1960, la realidad del exilio fue como un baño con un cubo de agua fría. En Miami no teníamos nada, excepto nosotros mismos. Como dice el dicho, no teníamos ni con qué caer parados.

Mis padres y yo fuimos de lo todo a la nada en un viaje de 40 minutos.

Aprendí muy rápido a disciplinar mis deseos y mis peticiones. A los 9 años fui de ser un niño bitongo e inmaduro, a un niño responsable que había madurado en un amanecer.

Esa madurez consistía en no pedirles nada a mis padres. Aceptaba lo que me ofrecían. Yo no preguntaba. Solo aceptaba. Mi mamá no tenía ni que lavar los platos, púes el hambre lo resolvía.

Recuerdo que los alimentos venían del Refugio Norteamericano, como la leche en polvo y las latas de spam a la que cariñosamente le llamábamos "carne de refugio". Como si fuera un huérfano hambriento, yo me lo devoraba todo, con un gran sentido de agradecimiento.

Recordando esa época de los años 60's, vivía con una mentalidad de escasez. Todo lo que me ofrecían lo aceptaba. Por respeto y consideración a los demás, nunca pedía una segunda ración.

Yo era mesurado. Me acostumbré con gran sentido de disciplina a complacerme con poco. Y era muy agradecido con lo que tenía, cuando tenía algo.

Años después, ya de adulto, reconocí que, aunque esa disciplina me había ayudado mucho durante los primeros años de exilio, al mismo tiempo se había convertido en un impedimento personal. En mí se había creado un desierto espiritual, donde yo era el protagonista. Me había acostumbrado a no pedirles nada a mis padres; y, si les pedía algo, me aseguraba de que fuera fácil para ellos el poder dármelo.

Esa misma mentalidad la llevaba al ámbito espiritual. No recuerdo haberle pedido algo al Señor. Ni una simple petición. Nunca oré solicitándole al Señor algo que no tuviera en mi vida. Yo pensaba que había otros mucho más necesitados que yo. Como si el Señor no tuviera suficiente para distribuir.

Yo pensaba que si me ponía a pedir cuando había otros más necesitados, eso era un acto de vanidad o codicia de mi parte. Como si le estuviera tomándole el puesto a otro.

Yo reconocía que aunque mi padre terrenal tenía recursos limitados, tanto en conocimiento, ingresos y poder, mi Dios no tenía dichas limitaciones. Sin embargo mis acciones siempre indicaban lo contrario. Yo actuaba como si el poder, la riqueza y la autoridad de mi Dios tuviera límites.

¿Por un momento, tú te puedes imaginar cómo Jesús alimentó a más de 5000 hombres, cuando solo había 5 panes y 2 peces? Jesús acababa de evangelizar en las orillas del lago de Galilea. La tarde se convertía noche. Los discípulos se dirigen a Jesús para que los despidiera y así de esa manera tenían tiempo de llegar a la aldea más cercana antes de que callera la noche; y, poder cenar en la aldea con todos los que habían venido a oír a Jesús. Los discípulos habían tomado cuenta y no había entre ellos suficiente comida para alimentar a todos.

Jesús miró hacia arriba y bendijo los frutos. No solo le dio de comer a 5000 personas con los 5 panes y 2 pescados, sino que sobro tanta comida que se llenaron 12 canastas de panes y peces.

Mi antigua forma de razonar me llevaba a limitar mis peticiones, pues otros estaban más necesitados y de verdad que actuaba como si nuestro Señor tuviera límites. Era como si pudiera haber algo que yo le pidiera al Señor que fuera mucho más allá de lo que el Señor me pudiera dar. En mi manera de pensar y actuar, lo que yo le estaba comunicando al Señor era que Él no tenía suficiente para todos.

Erróneamente yo pensaba que honraba al Señor limitando mis peticiones y oraciones. En realidad, lo que estaba poniendo en duda es que tenemos un Dios omnipotente y omnipoderoso. Mis acciones implicaban que el Dios que creó el cielo y la tierra tenía recursos limitados.

Nada pudiera estar más lejos de la verdad, pues tenemos no solo un Dios de abundancia, sino un Dios de sobreabundancia.

En Santiago, 4:2 la Palabra dice, si no tienes lo que deseas, es porque no pides.

Una de las características de los cubanos es que somos desde nacimiento exagerados. El cubano es exagerado en su manera de pensar, en su manera de hablar y gestionar. El cubano cuando describe una despedida, se refiere a que "Había un millón de gente". Y si se refiere a un jugador deportista que ha roto un record, el cubano no dice que ese jugador es una estrella, el cubano dice "Ese es un monstruo". Cuando un cubano gana un torneo, no dice por cuántos puntos ganó, "sino que acabó con todo el mundo"

Cuando leo los Evangelios, a veces me pregunto, si tal vez había un cubano por Galilea, pues a veces pienso que hay cubanos en todas partes. Y aunque el libro de Marcos claramente detalla el linaje de Jesús de Nazaret, donde no se encuentra ni un Fernández o Rodriguez, a veces pienso que Jesús tenía algo de cubano. Claro que eso no es bíblico, pero ¿han pensado con qué exageración hacía Jesús las cosas?

Jesús, cuando hacía continuamente milagro tras milagro, enfatizaba y subrayaba que Él no era solo el Dios viviente que sanaba, sino el Dios que te daba más de lo que tú necesitabas. Jesús, más allá de sanar al legión, al hombre endemoniado, después de curarlo, Jesús le da un llamado y un propósito en su vida.

Y lo vemos en el primer milagro de Jesús, qué no tenía que ver con saneamiento sino con escasez. El escenario era una boda en Caná. Jesús y sus discípulos habían sido invitados. Había tanta gente que se acababa el vino. María, la madre de Jesús va adonde está Jesús y le pide que vaya a buscar vino, que todo el vino se había agotado. En la casa había 6 tinajas de agua que estaban vacías. Jesús le dice a los sirvientes que llenen las tinajas hasta arriba con agua y se las llevaran al maestresala.

El maestresala, con las 6 tinajas llenas, empieza a servir vino de ellas, y se maravilla de la calidad de este vino, que era mucho mejor del que originalmente comenzaron a servir.

Jesús no solo convierte el agua en vino, sino que va más allá de lo estrictamente necesario, creando un vino de una calidad superior, lo cual sorprendió al maestresala porque originalmente se hacía lo contrario, primero se servía el vino bueno y luego cuando ya habían servido mucho, el de calidad inferior.

Este no es el único ejemplo donde el Señor, a través de su hijo primogénito, nos enseña su poder de sobreabundancia. En Lucas, 5:1-7, vemos la historia de la Pesca Milagrosa.

Después de haber estado enseñando una mañana, a lo largo de las orillas del Lago de Galilea, Jesús le dice al discípulo Pedro, "Boga mar adentro y echad vuestras redes para pescar".

Pedro inicialmente se le queja a Jesús. Le dice que habían estado pescando la noche anterior y ni un solo pescado había sacado. Pedro y los demás que allí estaban eran pescadores de profesión. Su experiencia y razonamiento les decía que si no pescaron nada de noche, de día sería peor. No obstante, Pedro decidió confiar no en lo que su mente, experiencia y sus cinco sentidos le decían, sino en la palabra de Jesús y obedientemente echó las redes Y la recompensa de su obediencia y de caminar por fe, fue que no solo hubo buena pesca, sino que de nuevo el Señor demostró que es un Dios de sobreabundancia, no un Dios de escasez o pobreza.

Tantos pescados cayeron en las redes, que del peso de los pescados estas se rompían. Es más, tuvo que venir una segunda barca a ayudarlos. Y ambas barcas se empezaron a llenar de pescados. Fue tanta la pesca que las 2 barcas se hundían del peso. Si esta historia fuera de un pescador cubano, diciendo que había pescado tanto que se le hundía la lancha, uno diría: "que exagerado es el tío". Ni en la famosa novela de Ernest Hemingway "El Viejo y el Mar" se ha visto tal fenómeno.

Pero en este caso el pescador era Jesús de Nazaret, el Rey de Reyes. De nuevo el Señor demuestra en esta historia que cuando Él hace las cosas, las hace en grande.

El mensaje para nosotros es que cuando la vida te da una vuelta inesperada, cuando tus expectativas no se materializan, es el momento de esperar que Dios hará lo inesperado en tu vida.

En Efesios 3:20 la Palabra dice, "El Señor Jesús es poderoso para hacer todas las cosas mucho más abundantemente de lo que podemos o entendemos, según el poder que actúa en nosotros".

Muchas veces tendemos a limitar lo que le pedimos al Señor, basados en lo que creemos que podemos hacer; o, a veces lo limitamos con nuestro razonamiento de lo que comprendemos como factible, posible o realista.

Pedro no dejó que su habilidad como pescador y la confianza en lo que él podía hacer rutinariamente dictaran sus acciones. Pedro no dejo que su entendimiento de las circunstancias dictaran sus pasos. Pedro puso su obediencia en acción, la cual activó su fe.

En Deuteronomio, la Palabra dice, en el capítulo 28, versículo 11, "El Señor te concederá abundancia de bienes". La Palabra nos dice que el Señor te dará lo suficiente para vivir.

Y en el Salmo 37 capitulo 4 versículos 18 y 19 la Palabra dice: "Deléitate en el Señor y Él te concederá los deseos de tu corazón, porque el Señor protege la vida de los íntegros y su herencia perdurará por siempre; y, en tiempos difíciles serán prosperados y en época de hambre tendrán abundancia".

Durante unas vacaciones mi yerno me conto el episodio de su batalla continua con su padre, que desde joven lo llevaba recio, por mucho que trataba de complacer a su padre con sus trabajos y logros.

Me comentó sobre un caso en particular en conexión con una obra de construcción que él estaba llevando a cabo en nombre de su padre.

La compañía del padre estaba construyendo un hotel en la ciudad de Venecia, Italia.

El padre acostumbraba siempre a notificar a su hijo una semana antes de ir a visitar la obra. Ese aviso le daba tiempo a mi yerno de poder tener la obra limpia y organizada para su papá. Era final de año y la obra se había atrasado. Faltaban solo 6 meses para finalizarla, antes de que comenzaran a aplicarse multas y fianzas por demoras en la entrega. En ese momento ya a mi yerno le habían entrado dudas en su mente. Le preocupaba que ya no acabara a tiempo.

Sin duda era una obra compleja. Posiblemente por encima de su experiencia, aunque no de su capacidad técnica.

Por primera vez, la preocupación le empezó a crear dudas de sí mismo. Y para hacer las cosas peor, de pronto recibe un mensaje de su hermano en Roma, que había oído que su padre viajaría a Venecia al día siguiente, para ver por sí mismo la condición de la obra. El padre había tomado la decisión, sin decirle nada a nadie, rompiendo el acuerdo que tenía con su hijo.

Esa noche mi yerno no durmió de preocupación. Sin embargo, al día siguiente algo que en años no había ocurrido en Venecia, ocurrió. Se desplazó una neblina tan densa que tuvieron que cerrar el aeropuerto de Venecia, lo cual resulto en la cancelación de todos los vuelos de Roma hacia Venecia. La neblina sobre Venecia era como una cortina blanca. De ese momento en adelante mi yerno sabía que el Señor estaba con él. Mi yerno sabía que el Señor no iba a dejar que él fuera avergonzado. La obra termino 6 meses después, sin un día de demora.

El Señor es misericordioso. Aun cuando nos quejamos o tenemos dudas. Él está ahí. Él viene a nuestro rescate y nos sorprende con su bondad y con su sobreabundancia.

Esto lo vemos también en el viejo testamento, en Génesis, capitulo 20 donde Moisés había retado a Jehová. Aunque Jehová los había sacado de Egipto y de las garras del Faraón, andando por el desierto inhóspito Moisés se queja.

Al oír sus quejas, Jehová le dice a Moisés "Toma la vara, reúne la asamblea, en presencia de esta tú y tú hermano, le ordenarán a la roca que dé agua; y así hará que de ella brote el agua y darán de beber a la asamblea y ganados".

A continuación Moisés levantó la mano y en vez de hablarle a la roca como dijo Jehová, 2 veces golpeó Moisés la roca con la vara. Aún desobedeciendo, Jehová bendijo al pueblo Judío con abundancia. Al darle Moisés dos veces a la roca, brotó el agua en abundancia, dándole de beber a todo el pueblo y su ganado.

A veces nos desconsolamos cuando las cosas no suceden como esperamos. Cuando lo que esperamos no se materializa como habíamos pensado, nos frustramos fácilmente.

Hemos crecido en una sociedad y cultura, donde se nos ha inculcado en nuestra manera de pensar o razonar un mundo de causa y efecto.

Nos convencemos de que si hacemos "A", entonces "B" tiene que ocurrir. Y cuando "B" no ocurre, nos decepcionamos y hasta cuestionamos a Dios. Nos olvidamos que tenemos un Dios Omnipotente, que no solo resuelve, sino que resuelve con sobreabundancia. Cuando estemos pasando por un momento difícil, no perdemos absolutamente nada con esperar que Dios hará lo inesperado en nuestras vidas.

Moisés, consciente de su impedimento en hablar, pues era gago, y viendo que no daba pie con bola con el Faraón, reconoció que necesitaba a Dios para liberar a su pueblo de las garras del Faraón.

A veces nos enfocamos demasiado en nuestras debilidades, limitaciones y deficiencias físicas. Tendemos a enfocarnos en que el Señor nos libere de esas debilidades. Pero eso nunca trabaja, pues si fuera así, terminaríamos descansando y exaltando nuestras propias habilidades y nuestras propias capacidades, en vez de exaltar lo que el Señor ha hecho en nuestra vida.

El Señor le dijo a Moisés "Dile a Faraón todo lo que yo te digo".

Moisés vivía convencido de que el Faraón no le haría caso, basado en su gaguera. Pero en el momento que Moisés "se las ve negra" y se ve al final de la soga, el Señor interviene y le dice, "no te preocupes, que tengo todo bajo control y Aarón será tu vocero".

Dios siempre nos da más de lo que nos merecemos. Esto lo vemos en alta definición en Hechos capítulo 3, versículo 1-10, cuando el día después de Pentecostés, Pedro y Juan, entrando a la sinagoga encuentran al cojo de nacimiento, postrado en la Puerta llamada la "Hermosa", pidiendo limosna, El cojo les pide limosna a Pedro y a Juan, pero en vez de una moneda de oro y plata, el cojo recibió mucho más de lo que había pedido. Pedro le dijo al cojo, "No tengo oro ni plata pero lo que tengo te doy, en el nombre de Jesús de Nazaret, levántate y anda".

Hay que recordar que el Señor siempre quiere exceder tus expectativas, revelando su gran poder. Cuando pedimos lo posible, como el cojo que solo pidió una limosna a la entrada de la sinagoga, el Señor hace lo imposible. Cuando pedimos lo que es practico o lógico, el Señor hace lo sobrenatural. El Señor puede hacer mucho más de lo que podemos imaginarnos.

Si tú piensas que esto de milagros y cosas imposibles es una exageración y que no aplica para ti, entonces este mensaje no es para ti. Pero si tú quieres disfrutar de todas estas promesas de abundancia, multiplicación y bendiciones sobrenaturales, entonces tienes que recibirlo en fe.

Mi yerno nunca pidió una neblina. Él nunca se imaginó que tal fenómeno sería posible. Pero para el Señor nada es imposible y siempre sobrepasa nuestras expectativas, nos sorprende con lo inesperado. El Señor todo lo hace en gran escala para que a través de nuestros testimonios podamos expandir el Reino de Dios.

Todas estas maravillas son posibles si puedes creer. Y la fe activadora es lo que pone en acción todas las promesas que son nuestras en el nombre de Jesús. No hay nada, pero nada que le podamos pedir al Señor que sea muy grande para Él.

El Señor quiere que con nuestra transformación seamos una herramienta para divulgar el Evangelio, llevando la Palabra a aquellos que no conocen al Señor. El Señor te quiere usar con cosas grandes, no con cosas diminutas. Pero no puedes limitar al Señor cuando hablas con Él. Pídele en el nombre de Jesús y Él te dará.

Si tus expectativas no se han cumplido; si estás desanimado porque piensas que tus peticiones han caído en un vacío; si estás esperando cambios en tu vida, cambios de salud, cambios en tus finanzas o cambios en tus relaciones con tus seres queridos, repite en alta voz esta oración:

"Padre Celestial, aquí estoy ante tu presencia. Te hablo, Padre, y sé que me escuchas y me respondes. Padre Omnipotente, dueño de todo el oro y la plata, creador de todo lo bueno y dador de abundancia, llena mis canastas. Padre derrama tus bendiciones sobre mí. Que las bendiciones se desborden excediendo toda necesidad y expectativa. Jehová de los ejércitos, yo descanso en ti, Señor, tú peleas mis batallas. Tú, Señor me liberas de todo ataque que venga contra mí y los míos. Padre, abre los cielos. Haz lo que nadie ha hecho en mi vida. Excede mis expectativas y toda imaginación. En el nombre que está sobre todo nombre, en el nombre de Jesús, bendice mi vida y la de mis seres queridos con abundancia en todo sentido, en nuestra salud y nuestras finanzas. En el nombre de Jesús, declaramos que en nuestra casa nada nos faltará. Amen"

LO QUE NO SE VE

Capítulo 10

LO QUE NO SE VE

En su cuarta carta a los Corintios el apóstol Pablo nos recuerda la importancia de lo sobrenatural, de lo invisible y no tangible. Pablo nos señala la importancia de las cosas que están, pero no se ven.

En 2 de Corintios, 4:18, dice la Palabra: "No mirando nosotros las cosas que se ven sino las que no se ven; pues las cosas que se ven son temporales, pero las que no se ven son eternas".

Nosotros los hombres somos seres muy visuales y este es un concepto difícil de aceptar. Para nosotros lo que no se ve o lo que no sea tangible es muy difícil que sea más importante y de mayor valor que lo que se ve.

En muchas de las iglesias cristianas los hombres son una minoría y en gran parte la razón principal es que el tema central del evangelio es la fe, "La certeza de lo que se espera y la convicción de lo que no se ve".

Los hombres somos muy diferentes a las mujeres. Nos gustan las cosas concretas. Nos gusta ir rápido al grano. Nos fascina el "Bottom Line", los resultados finales, lo esencial. En los colores nos gustan el negro, blanco, rojo chillón y azul. Somos buenos en las matemáticas, dónde el 2+2 siempre es 4. Nos sentimos como un pez afuera del agua cuando entramos en el mundo espiritual y en lo que sea subjetivo. No nos gusta tener que interpretar teorías o especular sobre lo abstracto. Y encima de todo, en comparación con las mujeres, somos muy, pero muy acomplejados.

A menos que se trate de deportes, sexo o negocios, algo que nos ponga el pan sobre la mesa, tendemos a descartarlo y darle poca importancia.

Nosotros los hombres somos muy visuales. Si no lo vemos o no lo palpamos, descartamos que tenga importancia o simplemente no lo creemos.

Tomás era un pescador de Capernaum. Por 3 años fielmente siguió a Jesús. Tomás era pesimista por naturaleza. Era impulsivo y no tenía pelos en la lengua. Sin embargo, Tomás tenía una vena de fatalismo.

Un día, cuando Jesús y los discípulos se enteran de que Lázaro se estaba muriendo en una aldea cerca de Jerusalén, que estaba caliente con los fariseos y escribas opuestos a Jesús, Tomás sarcásticamente dice: "Sí, claro, vamos y así morimos todos con él".

Tomás estaba presente cuando arrestan a Jesús en el jardín de Getsemaní. Asustado al igual que los otros discípulos, Tomás huye y se esconde. El viernes santo, a distancia, escondido del resto, Tomás ve como crucifican a Jesús en el Gólgota. En ese momento, para Tomás, el mundo se derrumba alrededor de él.

Con el último suspiro de Jesús, se evaporó toda esperanza de Tomás. Por un momento pensó que los 3 años que le había dedicado al carpintero de Nazaret, habían sido en vano. Ese fin de semana, Tomás se perdió y estaba "missing in action", (desaparecido en combate). Es más, el domingo en la noche, cuando estaban reunidos los discípulos, cenando en comunión, Tomás estaba ausente.

El lunes en la mañana, los discípulos se encuentran con Tomás, y le cuentan a Tomás que Jesús, después de la muerte se les había aparecido la noche anterior.

En el intercambio entre Tomás y los otros discípulos, Tomás es un símbolo de todo sentido de duda y de incredulidad que existe en el hombre.

En el libro de Juan, capítulo 20, versículo 24-29, vemos que Tomás, al no haber estado presente, después de oír de la resurrección de Jesús, y, también oír que Jesús había traspasado las paredes y se les había presentado a los apóstoles, con gran incredulidad dice a sus colegas que "Si no viere en sus manos la señal de los clavos, y metiere mi dedo en el lugar de los clavos, y metiere mi mano en su costado, no creeré".

Tomás quería poder ver, tocar y comprobar. Tomás quería usar sus 5 sentidos para comprobar y asegurarse que lo que decían los otros apóstoles era verdad. Tomás quería ver pruebas irrefutables

De niño a adolescente, durante toda mi crianza, siempre se me había inculcado la importancia del uso de los 5 sentidos. Yo nunca había oído las palabras: "Hijo ten fe y descansa en El". Tenemos que romper las malas tradiciones y las malas enseñanzas. La decisión la tienes que tomar tú. Puedes continuar creyendo lo que te decía tu abuelita o puedes seguir la Palabra de Dios.

Es más, que uno de los dichos preferidos de mi padre, era que siempre que veía que yo tenía una duda o pregunta, "¿Willy, tú no tienes dos dedos de frente?" O en otras ocasiones mi padre me recordaba, "Mira lo que estás haciendo"

Durante mi enseñanza se enfatizaba el ver, oír, sentir y razonar para creer. La verdad es que yo no estaba muy lejos de Tomás.

Ocho días después de la declaración de Tomás a los apóstoles, estaban todos reunidos bajo puertas cerradas cuando de nuevo se aparece Jesús, traspasando las paredes. Jesús se vira hacia Tomás y le dice: "Pon aquí tu dedo y mira mis manos; y, acerca tu mano, métela en mi costado; y no seas incrédulo, sino creyente". Tomás, conmovido, le dice a Jesús, "Señor mío y Dios mío". Jesús le responde a Tomás "Porque me has visto, Tomas, creíste; bienaventurados los que no vieron y creyeron".

La declaración de Tomás, "Mi Dios y mi Señor" es una de las más importantes en la Biblia, dando testimonio de que Jesús no solo era hombre, sino Dios y Señor también.

En 2 Corintios, 5:7, dice la Palabra, que nosotros caminamos por fe, no por vista. Para una persona que siempre ha basado sus decisiones en los 5 sentidos es difícil abandonar el amarre a lo visual y descansar en lo no visto.

No lo digo yo, pero tu buena conducta, logros u obras de caridad, no te acercan al Señor o te dan la Salvación, pues escrito está, "Sin fe es imposible agradar a Dios"

Pablo nos recuerda, en el libro de Romanos, 10: 17, que la fe, no tiene que ver con lo visto. La fe no tiene que ver con las circunstancias. Todo lo opuesto, la fe viene por el oír, y oír la Palabra.

En Proverbios 18:21 la Palabra nos dice que "la vida y la muerte y están en el poder de la lengua". El poder está en el oír la Palabra.

¿Qué te duele más, un golpetazo en una rodilla o una palabra que te hiere y te llega al alma? ¿Cuánto dura el dolor de una palabra ofensiva? Una palabra de rechazo o desprecio, de un marido a su esposa; o de un padre a un hijo, ¿cuánto dura ese dolor?

Durante la Segunda Guerra Mundial, Winston Churchill, conmovió, motivó y le dio un sentido de esperanza al Reino Unido, no con su presencia física, sino con sus palabras.

Si la incredulidad de Tomás subrayó el punto más bajo en la escala de fe, donde Tomás tenía que ver para creer, uno de los puntos más altos, tendría que ser el gentil centurión cuando le dice a Jesús, "Señor, di solo tu Palabra".

En otras palabras el centurión le dijo a Jesús, "Tú no tienes que ir físicamente a sanar a mi criado, di solo la Palabra, y mi criado será sanado"

¿Qué hubiera sido del pequeño David si se hubiera enfocado en la diferencia de tamaño, experiencia como guerrero y poder físico que había entre él y Goliat? ¿Qué hubiera sido de David, si se llega a enfrentar a Goliat como el hijo de Isaí y no como el que venía en "el nombre de Jehová de los Ejércitos, el Dios de los escuadrones de Israel"? ¿Qué hubiera sido de David si la pelea hubiera sido entre el escudo, lanza, casco y espada de Goliat, en un lado de la balanza; y, la honda y 5 piedras de David en el otro lado? Entre David y Goliat, lo no visto venció lo que se veia.

¿Alguna vez han pensado qué escribió Jesús en la tierra cuando los fariseos y los escribas le traen la mujer adúltera a Jesús? En realidad, nadie sabe lo que estaba escribiendo Jesús. Los fariseos no sabían, pero definitivamente se lo imaginaban. Más que las Palabras de Jesús "El que esté sin pecado sea el primero en arrojar la piedra contra ella", el simple acto de escribir en la tierra fue impactante y paró a los fariseos en sus pasos.

Jesús acababa de regresar del monte de los Olivos, y una vez más los fariseos tratan de ponerle una trampa a Jesús. Hay que recordar que los fariseos eran los intérpretes rabínicos y más que intérpretes se habían convertido en unos legalistas creando una serie de protocolos, requisitos y tradiciones religiosas que no eran parte de la Ley, pero se imponían como si lo fuesen.

Estas tradiciones y ritos rabínicos inventados por los fariseos no formaban parte del Torah, se encontraban en el Halakah. Los fariseos le daban más importancia a todas estas reglas creadas por ellos mismos, que a las escrituras en el Torah. Y de ahí viene el desacuerdo con Jesús.

La mayor parte de todas las reglas y doctrinas creadas por los fariseos tenían que ver con observaciones religiosas. El énfasis estaba en los actos religiosos, no muy diferente a muchas de las tradiciones que vemos en la iglesia católica. Tradiciones católicas como la ceniza en la frente durante la cuaresma, el persignarse, o el no comer carne los viernes, y el ramo de guano en Pascua, son actos exteriores, similares a las observaciones de los fariseos.

Una de las reglas de los fariseos era que en el día de descanso, el SABBATH, no se podía cargar papel. Y la persona no podía escribir más de unas pocas letras. Esta regla de los fariseos del descanso el sábado es la regla que más desafió Jesús.

Es evidente que los propios fariseos estaban ellos mismos en pecado, pues la ley de Moisés era bien clara en que tanto al adúltero como a la adúltera, se les daría muerte a pedradas, no solo a la mujer, sino a ambos (Levítico 20:10 y Deuteronomio 22:22).

La trampa que habían preparado los fariseos, radicaba en que la Ley Romana no permitía una ejecución de muerte por los hebreos, de manera que si Jesús hubiera acordado con los Fariseos en darle condena de muerte por el adulterio, lo hubieran reportado a Pilatos, como un violador de la ley Romana.

De espaldas a los fariseos, dos veces se arrodilla Jesús para escribir en la tierra.

En Jeremías 17:13 dice la Palabra, "Los que se apartan de mí serán escritos en el polvo, porque dejaron a Jehová, manantial de aguas vivas".

No hay duda de que los fariseos y los escribas, conocían la referencia de Jeremías.

Jesús en varias ocasiones se había referido a sí mismo como el agua viviente; y, que el que dé Él tomara, nunca más tendría sed.

En dos ocasiones, Jesús se vira y fija su mirada en los fariseos y escribas. Jesús los reta, a ver quién de ellos está fuera de pecado, aunque él sabía bien que lo que estaban haciendo era pecado.

En dos ocasiones, de espaldas a los fariseos, Jesús se agacha y escribe en la tierra con sus dedos.

Los fariseos no sabían lo que Jesús estaba escribiendo. No sabían si era otra señal de que Él sí tenía autoridad de escribir en el Sabbath; o si era para escribir su mandamiento de amor, o para escribir los nombres de todos los pecadores que estaban ahí presentes.

Lo importante es que el poder del acto, el poder de lo que no se vio, fue tan fuerte en la imaginación de los fariseos y escribas que uno a uno, soltaron las piedras y se retiraron.

Una idea es más poderosa que un hecho. Una Palabra es más potente que una acción. El perdón y la misericordia son más importantes que el juicio y penitencia. Y tanto el perdón como la misericordia son imprescindibles para el mandamiento sobre todo mandamiento, que es el Amor.

En Mateo 22, 34-40, Jesús les da una lección a los fariseos y saduceos cuando le preguntan ¿Cuál es el gran mandamiento de la Ley? Jesús les responde, "Amarás al Señor tu Dios con todo tu corazón y con toda tu alma y con toda tu mente". Y, el segundo en importancia "Amarás a tu prójimo como a ti mismo".

Jesús era el "Anti fariseo" pues para los fariseos todo era un despliegue externo. Para estos, aunque el interior estuviera podrido, lo que contaba era el exterior. Lo visible, las demostraciones, los rituales y ritos eran más importantes que los mandamientos de Moisés.

Los fariseos no reconocían la importancia y poder de lo que no se ve; pero todo lo que se ve fue creado por lo que no se ve.

Tenemos en el nuevo testamento la historia de los 2 ciegos, que en medio de un gentío siguen a Jesús gritándole, "Ten misericordia, hijo de David". Los ciegos no veían pero creían en el poder de lo no visto.

En Mateo, 9: 27-31, los ciegos siguen a Jesús hasta la casa donde se estaba quedando. Jesús se vira hacia los ciegos y les dice: "¿Ustedes creen que puedo hacer esto?". Los ciegos le afirman a Jesús y este, tocándoles los ojos a los dos, les dice, "Conforme a vuestra Fe os sea hecho".

No fueron las palabras de Jesús, ni sus manos tocando los ojos de los ciegos, sino la fe de los que eran ciegos, y por su fe vieron.

Jesús tenía una energía incansable. Para sus discípulos era difícil seguirlo. Pero un día largo después de haber estado evangelizando, enseñando y sanando, fatigado después de toda una jornada les dice Jesús a sus discípulos, crucemos al otro lado del lago, y cruzaron todos en una barca hacia la tierra de los Gadarenos cuando se levanta una gran tempestad.

Los discípulos tenían miedo, temían que con las olas tan grandes iban todos a morir. Mientras que los discípulos miraban con temor Jesús estaba en la proa de la barca durmiendo.

Desesperados, los discípulos despiertan a Jesús, quien al ser despertado les lee la cartilla llamándolos "Hombres de poca Fe". Ya despierto, Jesús procede a hablarle a los vientos. El viento no lo ves. Sabes que está ahí, lo sientes, pero no lo ves. No sabes de dónde viene o a dónde va, pero sabes que esta. Jesús le habla a los vientos y el mar cesó, las olas desaparecieron. El mar se convirtió un plato. Porque lo que no se ve, el viento, era el poder atrás de lo que se ve, el mar y las olas.

A veces cuando estamos pasando por un momento difícil en nuestra vida, nos enfocamos en las olas de nuestra tormenta. A veces nos enfocamos en lo que se ve y no en lo que esta detrás de lo que se ve.

Nos enfocamos en la persona o personas que te han herido y no en la fuerza que esta detrás de esa persona. Tenemos que recordar que lo que tienes atrás de ti, controla lo que está frente a ti.

En Efesios 6:12 la Palabra nos recuerda que no tenemos lucha contra sangre y carne, en otras palabras que nuestro enemigo no es la persona que te ha hecho daño, o que te ha calumniado o defraudado. Nuestra lucha es contra los principados, contra potestades, contra gobernadores de las tinieblas de este siglo, que gobiernan la vida del que crees que es tu enemigo.

Y estas son las fuerzas ocultas y satánicas a las que tienes que hablarles y atar. Estas fuerzas son tan reales como las fuerzas atrás de ISIS y otros grupos terroristas. Estas fuerzas satánicas existen, y son tan reales como el viento que esta detrás de la tormenta. Puede que no sea una persona que te ha herido, tu batalla puede ser contra una enfermedad que ataca tu cuerpo. Esa enfermedad son las olas en tu vida.

¿Por qué crees tú que Jesús se concentró tanto en milagros de sanidad? Jesús se pasó su vida de adulto sanando a ciegos, leprosos, paralíticos a personas que no veían fin a su situación. Un ciego de nacimiento y una mujer que por 30 años sufría de flujo de sangre fueron dos de los protagonistas, ¿Pero, por qué?

Jesús con sus milagros, quería establecer y demostrar, el poder de la fe. La fe de Dios que está disponible a todos los que lo aceptamos como nuestro Señor, Dios y Salvador.

Es muy difícil hablarle a algo que no se ve. Pueden pensar que uno está "chiflado". Pero Jesús nos dejó saber que el poder está en el viento que mueve mares. Jesús nos dejó saber que el poder está en lo que no se ve. Y tienes que, tomar autoridad, hablarle a lo que no se ve, y declarar lo que no es como si fuera.

Si al terminar este libro sientes inquietud dentro de ti aunque por previa enseñanza, tú siempre has creído en el Señor, pero a tu manera, nunca habías tomado el tiempo para aprender de la vida de Jesús y de su Palabra, y quieres disfrutar de la gracia de Dios y de sus promesas; entonces terminemos este capítulo, con una breve e importante oración, la cual te regalará la salvación y la vida eterna; y, de hoy en adelante, Jesús guiará tus pasos aquí en la tierra:

"Padre Celestial, aquí estoy ante tu presencia como pecador arrepentido, imploro misericordia y sé que me escuchas y me respondes. Digo con mi boca lo que creo en mi corazón. Jesús de Nazaret por mi murió en la cruz del calvario. Y el poder de la sangre que el derramó, ahora me limpia de todo pecado y de todo mi pasado. Jesús resucitó al tercer día y en este momento lo recibo en mi corazón, como mi Dios, como mi Señor, y como mi Salvador personal. Padre, de hoy en adelante yo soy tuyo y solo a ti seguiré. Amen"

Si tú has dicho estas palabras en alto y las guardas en tu corazón, has nacido de nuevo y de hoy en adelante el Dios viviente vive en ti.

BIOGRAFÍA

SOBRE EL AUTOR

Willy A. Bermello nació el 28 de Noviembre de 1950, en la Habana, Cuba. Hijo único de Martha Guardia y Guillermo Bermello Ruiz. El 22 de octubre de 1960, acompañado de sus padres, Willy llegó a Miami, Florida, exiliados de la tiranía Castrista en Cuba. En ese momento comenzaron lo que inicialmente pensaron sería un breve exilio, pero el cual se convirtió en una nueva vida en los Estados Unidos para Willy y sus padres.

Willy se educó en las escuelas públicas de Miami. Se graduó de arquitectura en la Universidad de la Florida en el 1973 con la medalla de oro del AIA por obtener la puntuación más alta del Colegio de Arquitectura por 5 años consecutivos. En el 1975 obtuvo su maestría de Planificación y Arquitectura de la Universidad de Pensilvania, donde estudio bajo becas otorgadas por la universidad.

Durante los últimos 40 años Willy y su firma Bermello, Ajamil & Partners, Inc. ("B&A") se ha destacado internacionalmente tanto con premios nacionales de arquitectura, al igual que numerosas e importantes obras por todas partes del mundo. Hoy en día la firma B&A, es la compañía privada de arquitectura e ingeniería más grande del sur de la Florida.

A la par de sus desempeños en su profesión como arquitecto, Willy A. Bermello también es un líder comunitario en la Florida.

Willy es expresidente de distintas organizaciones como los Kiwanis de la Pequeña Habana; donde en el 1976 con su colega Leslie Patín, Jr, co-fundaron el Carnaval de la Calle Ocho; por 3 años sirvió como presidente de la influyente organización de contratistas la Latin Builders

Asociation (LBA); fue el primer presidente hispano de la Cámara de Comercio de Coral Gables; fue el fundador y presidente de la Fundación Comunitaria de Coral Gables.

Tres gobernadores diferentes Bob Gorham, Bob Martinez y Jeb Bush nombraron a Willy a la Comisión Estatal de la Florida de Derechos Humanos, donde sirvió por años y fue el primer hispano y republicano a ser elegido presidente de dicha comisión.

Recientemente Willy fundó una nueva organización, CUARTO (Cuban American Round Table Organization) la cual reúne mensualmente a un grupo de prominentes e influyentes cubano-americanos del sur de la Florida.

Hace 22 años, su esposa por 43 años Daysi R. Bermello, llevó a Willy por vez primera a Alpha & Omega, una iglesia cristiana en el sur de Miami.

Ahí comenzó una lenta pero continua evolución que llevó a Willy, quien fue criado católico, a aceptar a Jesús como su Señor y Salvador en 1996. De 1996 en adelante, Willy dejo la iglesia católica en su pasado y se dedicó a seguir las enseñanzas de Jesús participando en estudios bíblicos y grupos de oración.

Uno de esos grupos se reunía en casa de la periodista de televisión hispana, María Elvira Salazar. Desde el 2010 al 2014, Willy y Daysi participaron con el grupo de estudio bíblico en casa de María Elvira. Este grupo lo dirigía todos los sábados la Pastora Dyhalma Garcia. De allí también nació una bella relación la cual le puso el sello a la evolución de Willy en el cristianismo.

Desde el 2010, Willy se comenzó a reunir semanalmente todos los jueves para estudiar la Biblia con la Pastora Dyhalma.

En el 2014 el grupo de oración se trasladó a la casa de Daysi y Willy, donde hasta el día de hoy continúa reuniéndose el grupo todos los sábados.

En el 2015 la Pastora Dyhalma le pidió a Willy que le predicara al grupo por lo menos una vez al mes. Sus primeras 10 prédicas, dieron lugar a este libro el cual hace un recuento de estas prédicas, al igual que un testimonio muy personal de Willy A. Bermello.

Printed in the United States
By Bookmasters